Jack M. Bickham
Short Story

JACK M. BICKHAM

Short Story
Die amerikanische Kunst,
Geschichten zu erzählen

*Aus dem Amerikanischen
von Andrea von Struve und Petra Post*

Zweitausendeins

Deutsche Erstausgabe.
1. Auflage, Dezember 2002.

Die amerikanische Originalausgabe ist 1994 unter dem Titel »Writing the Short Story. A Hands-On Program« bei Writer's Digest Books, Cincinnati, erschienen.
Copyright © 1994 by Jack M. Bickham.

Alle Rechte für die deutsche Ausgabe und Übersetzung
Copyright © 2002 by Zweitausendeins, Postfach, D-60381 Frankfurt am Main.
www.Zweitausendeins.de

Alle Rechte vorbehalten, insbesondere das Recht der mechanischen, elektronischen oder fotografischen Vervielfältigung, der Einspeicherung und Verarbeitung in elektronischen Systemen und Kommunikationsmitteln, des Nachdrucks in Zeitschriften oder Zeitungen, des öffentlichen Vortrags, der Verfilmung oder Dramatisierung, der Übertragung durch Rundfunk, Fernsehen oder Video, auch einzelner Textteile.
Der gewerbliche Weiterverkauf und der gewerbliche Verleih von Büchern, CDs, DVDs, Videos, Downloads oder anderen Sachen aus der Zweitausendeins-Produktion bedürfen in jedem Fall der schriftlichen Genehmigung durch die Geschäftsleitung vom Zweitausendeins Versand in Frankfurt am Main.

Lektorat: Tammo tom Diek (Büro W, Wiesbaden).
Korrektorat: Ursula Maria Ott, Frankfurt am Main.
Umschlaggestaltung: Sabine Kauf, Plön.
Satz und Herstellung: Dieter Kohler GmbH, Nördlingen.
Druck: Gutmann+Co GmbH, Talheim.
Einband: G. Lachenmaier, Reutlingen.
Printed in Germany.

Das Papier dieses Buches besteht zu 50% aus Altpapier, für Schutzumschlag, Überzug und Vorsatz wurde Recyclingpapier aus 100% Altpapier verwendet.

Dieses Buch gibt es nur bei Zweitausendeins im Versand,
Postfach, D-60381 Frankfurt am Main, Telefon 069-420 8000, Fax 069-415 003.
Internet www.Zweitausendeins.de, E-Mail info@Zweitausendeins.de.
Oder in den Zweitausendeins-Läden in Berlin, Düsseldorf, Essen,
Frankfurt am Main, Freiburg, 2x in Hamburg, in Hannover, Köln, Mannheim, München, Nürnberg, Saarbrücken, Stuttgart.

In der Schweiz über buch 2000, Postfach 89, CH-8910 Affoltern a. A.

ISBN 3-86150-462-6

Inhalt

1. Warum dieses Buch? 7
2. Der Arbeitsplan 13
3. Selbsterforschung 17
4. Die Auswahl der Figuren 24

Auszeit. *Die Struktur einer Geschichte* 32

5. Die Art der Geschichte 44
6. Aussehen und Sprache der Figuren 55
7. Der Schauplatz der Geschichte 63

Auszeit. *Was Menschen umtreibt* 73

8. Machen Sie einen Arbeitsplan 82
9. Letzte Kontrolle, bevor es losgeht 97
10. Die Gestaltung der Figuren 103
11. Der nächste Schritt im Arbeitsplan 116

Auszeit. *Selbstlosigkeit als Charakterisierungsmerkmal* 132

12. Die Fertigstellung Ihres Handlungsentwurfs 140
13. Die erste Fassung 147
14. Fallstricke bei der Arbeit am ersten Entwurf 163
15. Die Überarbeitung – erster Durchgang 171

Auszeit. *Erzähltechniken: Rückblende, Dialog, Stimme* 177

Inhalt

16. Die Überarbeitung – zweiter Durchgang 188
17. Nützliche Tipps für die Zukunft 203

Anhang
Checkliste aller wichtigen Regeln und Vorgehensweisen . . . 209

Dank 221

1
Warum dieses Buch?

Wenn Sie sich, wie ich annehme, intensiv mit modernen Kurzgeschichten beschäftigt haben, fragen Sie sich vielleicht, wie jemand auf die Idee kommt, einen Ratgeber zu diesem Thema zu schreiben.

Die Kurzgeschichte der Gegenwart kommt Ihnen vermutlich vor wie eine Terra incognita, ein Neuland ohne Regeln und Anhaltspunkte. Sie sollten sich jedoch von diesem scheinbaren Chaos nicht verunsichern lassen. In Wahrheit gelten für eine gute Geschichte auch heute noch dieselben Kriterien wie vor hundert Jahren. Sie betreten also kein unerforschtes Terrain, sondern können an jeder Kreuzung Hinweisschilder finden, die Ihnen helfen, Ihre Kurzprosa stilistisch und inhaltlich auszufeilen.

Es scheint, als genüge die moderne Kurzgeschichte weder in Form noch in Inhalt den klassischen Kriterien. Es fällt oft schwer, eine Struktur zu erkennen oder zu verstehen, worauf der Autor oder die Autorin hinauswill. Aber verlieren Sie nicht den Mut, denn der Schein trügt!

Sie sollten sich mit der klassischen Form der Kurzgeschichte vertraut machen, um sie selber für Ihre künftigen Leser abwandeln zu können. Ohne Richtlinien – ohne eine »innere« Landkarte, die Ihnen den Weg weist – können Sie als AutorIn nur auf einen glücklichen Zufall hoffen, in dem sich Stil, Figuren, Schauplatz und Atmosphäre wie von selbst zueinander fügen. Vielleicht gelingt Ihnen die eine oder andere gute Kurzgeschichte ganz intuitiv. Das ist jedoch ein höchst ungewisses Unterfangen. Denn selbst wenn Sie es schaffen sollten, Ihre bislang beste Kurzgeschichte irgendwo zu veröffentlichen, stellt sich die Frage, wie Sie es anstellen wollen, diesen Erfolg zu wiederholen. Inspiration lässt sich nicht erzwingen, und wer bloß darauf wartet, von der Muse geküsst zu werden, versteht sein Handwerk nicht. Die Hoffnung auf literarische Eingebungen bietet jedenfalls keine Gewähr für schriftstellerische Qualität!

Ihre Arbeit wird wesentlich beständiger, vielleicht sogar lukrativer sein, wenn Sie Ihr Handwerk beherrschen, auch wenn Sie gelegentlich – aus gutem Grund – von dessen klassischem Schema abweichen.

Wenn Sie sich mit der Form der klassischen Kurzgeschichte vertraut gemacht haben und der in diesem Buch vorgestellten Vorgehensweise folgen, wird Ihnen das Gefühl des Verlorenseins, das sich beim planlosen Schreiben oft einstellt, erspart bleiben. Sie werden selbstbewusster und zuversichtlicher schreiben.

Einigen von Ihnen wird etwas mulmig zumute sein, wenn ich von klassischer Form und diszipliniertem Arbeiten spreche. Ich kann mich noch gut daran erinnern, wie ich vor vielen Jahren mit meinem Abschluss in Anglistik in der Tasche »meinen« ersten erfolgreichen Autor traf. Im College hing ich der weit verbreiteten Vorstellung an, dass ein literarisches Werk Resultat eines geheimnisvollen Schaffensprozesses sei, den stattfinden zu lassen nur begnadeten Schriftstellern vorbehalten bleibe. Ich ging wirklich von der unkritischen Annahme aus, dass »gute« Literatur nur durch Inspiration oder Magie entsteht und dass es dem kreativen Prozess schadet, wenn man ihn zu analysieren versucht.

Das ist schlichtweg falsch. Praktisch alle erfolgreichen AutorInnen tragen eine mentale »Landkarte« mit sich herum. Stephen Kings Karte entspricht vermutlich nicht ganz der meinen, und meine weicht möglicherweise von der Ihren ab, aber wenn Sie dieses Buch gelesen haben, werden wir gewiss in den meisten Kriterien, die eine gute Kurzgeschichte ausmachen, übereinstimmen.

Ich hoffe also, dass Sie sich von der »Eingebungstheorie« verabschieden und sich auf den hier vorgestellten schrittweisen Ansatz einlassen. Wir werden einen Arbeitsplan aufstellen, bei dem Karteikarten eine große Rolle spielen und den Sie strikt verfolgen sollten, bis Sie schließlich gute Kurzgeschichten schreiben können, ohne auf Eingebungen angewiesen zu sein.

Selbst wenn Sie eine Inspiration haben sollten und Ihre Geschichte beinahe blind niederschreiben, kann es nicht schaden, wenn Sie sich mit den theoretischen Grundlagen der klassischen Kurzgeschichte und dem hier vorgestellten systematischen Ansatz befassen. Bei der Überarbeitung Ihrer »intuitiven« Geschichte dürfte sich beides als ausgesprochen nützlich erweisen.

Und schließlich: Kaum ein Kurzgeschichtenautor hat sich nicht zumindest einmal in seiner Laufbahn an ein längeres Prosastück – eine Novelle oder einen Roman – herangewagt. Und da längere Prosawerke niemals allein auf Inspiration beruhen, können Sie von den hier vorgeschlagenen Methoden nur profitieren.

Wem nützt dieses Buch?

Natürlich hoffe ich, dass dieses Buch sehr vielen Menschen nützen wird. In den folgenden Kategorien finden Sie sich vielleicht wieder:

Sie haben keine Lust, auf eine Eingebung zu warten. Wie bereits erwähnt, lassen Inspirationen häufig auf sich warten oder sind so dürftig, dass Sie darauf nicht bauen können. Wenn Sie jedoch die Richtlinien dieses Buches befolgen, machen Sie sich eine Arbeitsweise und ein System zu Eigen, mit dem Sie praktisch auf Kommando Ideen entwickeln können.

Als alter Hase in diesem Gewerbe weiß ich, wie wichtig das ist. Es gibt Tage im Leben eines jeden Autors, an denen ihm oder ihr absolut nichts einfällt. Mit Hilfe des Arbeitsplans wird es Ihnen nicht nur heute gelingen, ein ansprechendes Stück Kurzprosa zu Stande zu bringen, sondern Sie sammeln einen Vorrat an Ideen und Materialien an, auf den Sie jederzeit für eine neue Geschichte zurückgreifen können, ohne auf einen kreativen Geistesblitz warten zu müssen.

Sie stehen noch ganz am Anfang. Sollte dies der Fall sein, dann können Sie sich jahrelange Enttäuschungen und Rückschläge ersparen. In diesem Buch werden Sie mit Methoden vertraut gemacht, die Ihnen von Anfang an Einsichten in den Arbeitsprozess und eine gute Vorgehensweise vermitteln.

Mein Arbeitsplan bietet Ihnen ein ausgewogenes, logisches System, an dem Sie sich orientieren können, und zeigt Ihnen, wie Sie ohne das magische Element des kreativen Prozesses auskommen. Sollten Sie von Zeit zu Zeit von den hier vorgestellten Verfahrensweisen abweichen, tun Sie dies in vollem Bewusstsein und aus gutem Grund.

Sie sind mit sich im Grunde zufrieden, sehen aber noch Möglichkeiten zur Verbesserung. Das Konzept, das ich Ihnen hier vorstelle, wird Ihnen helfen, den kreativen Prozess zu analysieren und damit besser zu steuern.

Für viele AutorInnen liegt der Schlüssel zum Erfolg in der Analyse ihrer eigenen Arbeit. Ebenso hilfreich ist es, die publizierten Werke von KollegInnen zu analysieren.

Eine solche Analyse geht weit über eine Untersuchung des Stils oder der Syntax hinaus. Sie werden lernen, Figuren zu zerlegen, um zu verstehen, weshalb sie glaubwürdig sind oder wie sie es werden können. Sie werden die Struktur erkennen lernen, die guter Kurzprosa zu Grunde liegt, und sich Recherchetechniken und Methoden der Überarbeitung aneignen, damit Ihr Werk Hand und Fuß hat und stilistisch einwandfrei ist.

Die Voraussetzung für eine gute Literaturanalyse ist, dass Sie lernen, die richtigen Fragen zu stellen. Dabei kann Ihnen mein Arbeitsplan helfen.

Sie wollen konstante Ergebnisse erzielen. Eine Geschichte gefällt Ihnen, während Sie die nächste zur Verzweiflung treibt. Oder Sie arbeiten an einem Tag gut und am nächsten scheint nichts zu klappen. Das hier vorgestellte System stellt ein annähernd gleich bleibendes Niveau sicher, da Sie Ihren kreativen Prozess nach ein und denselben Kriterien beurteilen können.

Bedenken Sie aber, dass unsere Arbeit nie ganz frei ist von Frustrationen. Selbst die anerkanntesten SchriftstellerInnen haben Bücher geschrieben, die unpublizierbar sind. Das liegt daran, dass trotz systematischen Vorgehens die literarische Arbeit – bedingt durch die persönliche Verfassung oder auch äußere Ablenkungen – immer Qualitätsschwankungen unterliegt. Mit Hilfe meines Arbeitsplans können Sie generell das Niveau Ihrer Arbeit verbessern, ohne jedoch individuelle Schwankungen ganz auszutarieren. Sollten Sie momentan Ihre Arbeit zwischen schlecht und mittelmäßig einordnen, werden Sie sich nach der Lektüre dieses Buches zumindest zwischen mittelmäßig und gut einschätzen – wenn nicht gar zwischen gut und hervorragend!

Sie ziehen ein größeres Werk in Erwägung. Sämtliche Ideen, die in diesem Buch vorgestellt werden, lassen sich auch auf ein größeres Projekt anwenden. Mein Arbeitsplan bietet Ihnen einen fast schon narrensicheren Weg, auch einen längeren Text von etwa 10 000 Wörtern problemlos zu bewältigen.

Ein paar Monate, nachdem eine gekürzte Vorabversion dieses Buches in der Zeitschrift *Writer's Digest* erschienen war, erhielt ich einen Brief von einer Frau, die mir schrieb, gerade ihren ersten Roman verkauft und beim Entwurf ihres Buches meine Methode beherzigt zu haben. Da es sich um ein umfangreiches Buch handelte, hatte sie so viele Karteikarten ausgefüllt, dass der

1. Warum dieses Buch?

Fußboden ihres Arbeitszimmers nicht ausreichte, um sie alle ausbreiten zu können! Aber sie ließ sich nicht beirren, behielt die Kartenmethode bei und bekam am Ende einen guten Verlagsvertrag.

* * *

Niemand kann Ihnen künftige Publikationserfolge versprechen. Aber ich hoffe, Sie davon überzeugt zu haben, dass es sich lohnt, die folgenden Seiten sorgfältig zu lesen und sich jeder Aufgabe gewissenhaft zu widmen, die ich Ihnen stellen werde.

Ich kann Ihnen immer nur wieder nahe legen, sich mit den Aufgaben zu beschäftigen, die ich Ihnen gelegentlich mitten im Text, in der Regel jedoch am Schluss der regulären Kapitel stelle. Und ich rate Ihnen dringend, nicht weiterzulesen, bevor Sie diese nicht absolviert haben. Nur wenn Sie sich gewissenhaft allen Aufgaben widmen, kommen Sie Schritt für Schritt weiter.

Anhand der jedem Kapitel vorangestellten Kontrollfragen können Sie Ihre Fortschritte überprüfen.

Sie werden feststellen, dass ich in diesem Buch den üblichen »Spielverlauf« viermal unterbrochen habe. In diesen »Auszeiten« stelle ich Ihnen keine Aufgaben, sondern mache Sie mit allgemeineren Aspekten der Literatur vertraut, für die in den praktischen Kapiteln kein Platz ist. Sie dürfen hier eine verdiente Verschnaufpause einlegen, um sich eine Vorstellung davon zu verschaffen, was einen guten literarischen Text auszeichnet.

Lassen Sie sich bei all dem Zeit, zügeln Sie Ihre Ungeduld, arbeiten Sie dieses Buch gründlich durch. Wenn Sie diese Ratschläge befolgen, garantiere ich Ihnen, dass Sie – gemessen an Ihrem gegenwärtigen Entwicklungsstand – zum Abschluss des Studiums, das ich Ihnen hier anbiete, am Ende dieses Buchs zumindest *eine* sehr gute Kurzgeschichte verfasst haben werden.

2
Der Arbeitsplan

Zur Kontrolle:
- ✓ Falls Sie es nicht bereits getan haben, fassen Sie jetzt den ernsthaften Vorsatz, dieses Buch gründlich durchzuarbeiten.
- ✓ Entschließen Sie sich, für jede Aufgabe genügend Zeit aufzubringen.
- ✓ Stellen Sie einen vorläufigen Zeitplan auf.

Eine gute Kurzgeschichte ist, wie ich bereits deutlich gemacht habe, keine Glückssache, sondern das Ergebnis konsequenter Arbeit. Im Folgenden stelle ich Ihnen einen detaillierten Arbeitsplan vor, der Ihnen hilft, sich eine Kurzgeschichte auszudenken, sie zu schreiben und zu überarbeiten. Dieser Plan wird Ihnen Schritt für Schritt die Arbeitsweise professioneller SchriftstellerInnen näher bringen.

Jeder Schritt baut auf dem vorigen auf. Schritt vier beispielsweise können Sie nur verstehen, wenn Sie Schritt eins bis drei gemeistert haben. Dadurch können Sie Ihr Lerntempo selbst bestimmen. Sollten Sie einmal nicht weiter wissen, gehen Sie am besten zurück zu dem Punkt, wo Sie die Orientierung verloren haben, und wiederholen Sie das Gelesene.

Für den Erfolg dieses Ansatzes ist es wichtig, dass Sie jeden Baustein verstanden haben, bevor Sie weiterlesen. Oftmals kommt das Verständnis erst, wenn Sie sich praktisch mit dem Inhalt auseinander gesetzt haben. Ich kann Ihnen deshalb nur abermals raten, jede der gestellten Aufgaben ernst zu nehmen, sorgfältig vorzugehen und Geduld aufzubringen.

Zusätzlich zu den Fortschrittskontrollen, die jedem Kapitel vorangestellt sind, warte ich immer wieder mit Fragen und Beispielen auf, anhand derer Sie Ihre Fortschritte beurteilen können. Dadurch werden Sie gezwungen, Ihre Ideen fortwährend zu überprüfen und Ihre Fantasie in logische Bahnen zu lenken, so dass Ihre Geschichte schließlich Hand und Fuß haben wird.

Den Plan könnten Sie zwar innerhalb kurzer Zeit durcharbeiten, aber die Lektüre dieses Buches ist kein Geschwindigkeitstest. Wenn Sie dafür Wochen oder Monate brauchen, so ist das kein Problem. Ganz im Gegenteil: Je schneller Sie damit fertig sind, desto größer ist die Gefahr, dass Sie zu oberflächlich zu Werke gegangen sind bzw. wichtige Informationen oder praktische Tipps überlesen haben.

Für Ihre Vorgehensweise sollten Sie sich ausreichend mit Karteikarten eindecken. Auch wenn Sie einen Computer besitzen und versucht sind, in Ihrer Textverarbeitung entsprechende Ordner und Dateien einzurichten, rate ich Ihnen zur altmodischen Variante. »Echte« Karteikarten haben zahlreiche Vorteile:

Man kann sie überallhin mitnehmen: ins Büro, zum Einkaufen, an den Abendessenstisch oder sogar ins Bad. Somit können Sie sich in einer freien Minute über eine problematische Figur Gedanken machen oder einen plötzlichen Einfall notieren, der Ihnen bestimmt wieder entfallen sein wird, wenn Sie später zu Hause an Ihrem Computer sitzen.

Wenn Sie Ihre Karteikarten immer bei sich haben, werden Sie ständig an die Bedeutung Ihrer Arbeit erinnert. Sie werden sich nicht nur nach Lust und Laune mit Ihrer Geschichte beschäftigen, sondern sie wird ein wichtiger Bestandteil Ihres Lebens werden.

Es ist vielleicht etwas lästig, ständig Karten zu beschriften, aber es zwingt Sie, Ihre Gedanken zu ordnen. Wenn Sie sich erst einmal an dieses System gewöhnt haben, werden Sie feststellen, dass es Ihnen hilft, klarer zu denken. (Warum das so ist, kann ich

2. Der Arbeitsplan

Ihnen nicht sagen, aber vielleicht trifft hier das Sprichwort zu: Übung macht den Meister?)

Darüber hinaus haben Karteikarten den Vorteil, dass man sie beliebig austauschen, neu ordnen, auf dem Schreibtisch ausbreiten, an die Wand heften etc. kann. Sie werden feststellen, dass Sie die Reihenfolge Ihrer Karten verändern, neue einfügen oder andere austauschen wollen. Mit einem Computer wäre dies viel mühsamer.

Außer den Karten benötigen Sie Buntstifte. Sechs dürften genügen. Diese brauchen Sie, um Ihren Text zu markieren.

Und zwei Hefte, möglichst liniert. Eines dient als Journal, in das Sie alle möglichen Notizen über Ihre eigenen Versuche und über Ihre Leseerfahrungen eintragen, während das zweite für Recherchenotizen gedacht ist, für Fakten, die Sie bei der Besichtigung eines Schauplatzes sammeln, oder für Merkmale einer Person, die Sie zunächst auf einer Karteikarte notieren, um sie später für eine Figur zu verwenden.

Des Weiteren brauchen Sie einen Computer mit einem guten Textverarbeitungsprogramm oder zumindest eine gute Schreibmaschine. Die meisten Profis sind inzwischen auf Computer umgestiegen. Sich mit einem Computer bzw. seiner Textverarbeitung vertraut zu machen, kann zunächst etwas mühsam sein, aber ich bin sicher, dass Sie sich schon bald gar nicht mehr vorstellen können, wie Sie je ohne auskommen konnten. Die Überarbeitung eines Textes wird (beinahe) zum Kinderspiel. Sie können neues Material einfügen, ausschweifende Beschreibungen kürzen oder ganze Textpassagen von einer Seite auf eine andere kopieren.

Der Kauf eines Computers ist jedoch keine Voraussetzung für die Lektüre dieses Buches – und Tagträume von einem eigenen PC sind keine akzeptable Ausrede, wenn Sie Ihren guten Vorsätzen untreu werden.

Am besten wäre es, wenn Sie jeden Tag feste Zeiten für Ihre Arbeit einplanen könnten. Wenn sich das verbietet, sollten Sie

2. Der Arbeitsplan

sich zumindest vornehmen, täglich regelmäßig eine halbe oder eine ganze Stunde aufzubringen. Und wenn möglich, sollten Sie einen festen Arbeitsplatz haben, sei es ein eigenes Arbeitszimmer oder auch nur eine Ecke Ihres Schlafzimmers.

Diese beiden Voraussetzungen wirken oft schon Wunder. Als angehender Autor müssen Sie sich praktisch jeden Tag, Woche für Woche, Monat für Monat mit Ihren Texten auseinander setzen.

Sie werden feststellen, dass die Anfangskapitel kürzer sind als die darauf folgenden. Das hat zwei Gründe: Zum einen werde ich Ihnen anfangs zahlreiche Aufgaben stellen, um Sie Schritt für Schritt mit der ungewohnten Materie vertraut zu machen, und zum anderen dringen wir in immer komplexere Sachverhalte vor – was ein zunehmendes Maß an Kreativität Ihrerseits voraussetzt –, die mehr Erläuterungen erfordern.

Zusammenfassung

Der Arbeitsplan ist eine logische, schrittweise Einführung in die schwierige, manchmal frustrierende, stets faszinierende Welt der Kurzprosa. Bevor Sie beginnen, sollten Sie sich Karteikarten, Hefte und Buntstifte besorgen. Und denken Sie daran: Arbeiten Sie regelmäßig und möglichst an ein und demselben Ort!

3
Selbsterforschung

Zur Kontrolle:
✓ Haben Sie einen realistischen Terminplan aufgestellt, der die Gewähr bietet, dass Sie regelmäßig zum Arbeiten kommen?
✓ Haben Sie sich einen Arbeitsplatz eingerichtet?
✓ Haben Sie Karteikarten, Hefte und Buntstifte besorgt?

Leider lässt uns unser Alltag wenig Zeit für Selbstreflexion. Die gängigen Lehrmethoden sehen vor, dass wir viel auswendig lernen und Theorien nachvollziehen, aber Selbsterkenntnis ist nicht gefragt. Als AutorInnen – sei es als AnfängerInnen oder Profis – sollten wir uns regelmäßig selbst unter die Lupe nehmen. Nur so lernen wir unsere Ideen, Gefühle und unbewussten Annahmen kennen und können unsere Kreativität freisetzen.

Gute Literatur lebt von Emotionen. Deshalb sollte Ihre Selbsterforschung bei Ihren Gefühlen beginnen.

Notieren Sie auf zehn verschiedenen Karteikarten kurz, welche zehn Dinge, Ideen, Orte oder Menschen Ihnen besonders am Herzen liegen – jeweils auf einer separaten Karte.

Manchmal genügt ein Satz, vielleicht auch nur ein oder zwei Wörter (Beispiel: »mein Glaube an Gott«, oder weniger persönlich: »die Umwelt«).

Bei einigen Beispielen scheinen sich die Karten wie von selbst zu schreiben, weil Sie sich mit dem jeweiligen Thema oder der Person schon oft beschäftigt haben. Aber vielleicht geraten Sie auch ins Stocken, bevor Sie die zehn Karten beschrieben haben. Tun Sie mir – und sich – den Gefallen und lassen Sie sich Zeit, geben Sie nicht auf und seien Sie ehrlich zu sich selbst!

3. Selbsterforschung

Bei dieser Aufgabe gibt es potenzielle Fallstricke. Wenn es Ihnen leicht fällt, diese Karten auszufüllen, sollten Sie sich fragen, ob es sich dabei um Dinge oder Personen handelt, die Ihnen wirklich wichtig sind oder die es vielleicht nur sein sollten. Hinterfragen Sie jeden einzelnen Eintrag. Hilfreiche Fragen wären: »Warum empfinde ich so stark in dieser Sache?« Oder: »Haben sich meine Gefühle im Laufe der Zeit verändert? Und wenn ja, wie und warum?«

Durch diese Fragen lernen Sie Ihre wahren Gefühle kennen. Wenn Sie wollen, können Sie Ihre Karten mit Anmerkungen versehen.

Noch einmal: Lassen Sie sich Zeit und nehmen Sie jede Aufgabe ernst! Vier oder fünf Karteikarten auszufüllen, genügt nicht, um Ihren Gefühlen auf den Grund zu gehen. Sie betrügen nur sich selbst. Haben Sie Geduld und geben Sie nicht zu schnell auf! Seien Sie ehrlich zu sich selbst. Was meine ich damit? Ich will Ihnen ein Beispiel geben: Jahrelang bat ich meine Studenten und Studentinnen, auf zehn Karteikarten zu notieren, was ihnen wichtig ist. Und kein einziges Mal schrieb jemand »Liebe« oder »Verliebtheit« oder »Sex«! Die Studierenden hatten wie ferngesteuert »Umwelt«, »Noten« oder ihren Lieblingsfußballverein genannt. Sie waren nicht ehrlich zu sich selbst gewesen!

Das erinnert mich an eine angehende Autorin, die unter dem Schutzumschlag eines Romans von Charles Dickens einen modernen Liebesroman versteckt hatte, weil sie sich ihrer wahren Lesegewohnheiten schämte. Besagte Autorin zerbrach sich ihren Kopf darüber, wie sie Dickens mit einem eigenen Werk gerecht werden könnte, ohne sich einzugestehen, dass sie viel lieber einen romantischen Liebesroman schreiben würde.

Deshalb ist Ehrlichkeit so wichtig. Keiner blickt Ihnen über die Schulter. Sie können getrost schreiben, was Ihnen wirklich am Herzen liegt. Denken Sie daran, dass Sie jetzt den Grundstein für die Einlösung Ihrer schriftstellerischen Ambitionen legen.

3. Selbsterforschung

Legen Sie an dieser Stelle eine Pause ein und konzentrieren Sie sich auf die gestellte Aufgabe.

* * *

Sie haben jetzt zehn ausgefüllte Karten vor sich liegen. Legen Sie sie bitte beiseite; wir werden später darauf zurückkommen. Nehmen Sie sich einen Stapel neuer Karteikarten und füllen Sie sie wie folgt aus:

– Auf fünf Karten notieren Sie bitte ein persönliches Erlebnis, das Sie gefühlsmäßig stark beschäftigt hat.
– Auf weiteren fünf notieren Sie bitte einen Gedanken oder ein Konzept, hinter dem Sie stehen.
– Auf den nächsten fünf nennen Sie bitte eine Aktivität, die Ihnen Spaß macht.
– Und jetzt fünf Karten mit Aktivitäten, die Sie verabscheuen.
– Und zum Schluss: fünf Orte, die Sie gern aufsuchen. (Das kann ein Kino in Ihrer Stadt sein oder ein geografischer Ort wie die Alpen oder das Mittelmeer.)

Ein paar kurze Sätze oder auch nur Stichpunkte genügen. Bitte lesen Sie erst weiter, wenn Sie die Aufgabe beendet haben.

* * *

Fertig? Gut. Dann kann es weitergehen. Die nächsten Karten beschriften Sie bitte etwas ausführlicher.

– Auf eine Karte schreiben Sie bitte 35 bis 70 Wörter (in vollständigen Sätzen) über eine Begebenheit, eine bestimmte Aktivität oder eine Begegnung, die Ihnen viel Freude gemacht hat.
– Auf einer weiteren Karte beschreiben Sie mit derselben Anzahl von Wörtern eine Begebenheit, eine Aktivität oder eine Begegnung, die für Sie schmerzvoll war.
– Auf einer dritten Karte beschreiben Sie bitte eine Situation – mit Zeitpunkt und Ort –, in der Sie sehr wütend waren.

3. Selbsterforschung

– Und auf einer vierten eine Situation (mit Zeitpunkt und Ort), in der Sie Angst hatten.

Wenn Sie damit fertig sind, suchen Sie sich einen Karteikasten (ein alter Schuhkarton reicht völlig aus), worin Sie die Karten aufbewahren können. Sortieren Sie sie nach Kriterien wie: »starke Empfindung« oder »beängstigend«. Im Augenblick benötigen wir die Karten nicht mehr, aber nehmen Sie sich bitte vor, sie regelmäßig durchzugehen. Waren Sie auch ehrlich zu sich selbst? Stellen Sie sich einmal vor, dass diese Karten von jemand anderem stammen: Was wüssten Sie über diesen Menschen?

Nehmen Sie sich vor, jedes Mal, wenn Sie starke Gefühle für eine Person empfinden oder wenn eine Situation Sie emotional bewegt, Ihre Empfindungen auf einer Karte zu notieren. Versuchen Sie so exakt wie möglich zu beschreiben, was dieses Gefühl ausgelöst hat, um was für ein Gefühl es sich handelt und wie Sie Empfindung und Auslöser schriftstellerisch verarbeiten könnten.

Diese Art der Selbsterforschung ist ein fortwährender Prozess. Je mehr wir über unsere Empfindungen wissen, desto besser sind wir in der Lage, sie in Worte zu fassen und schriftstellerisch zu verarbeiten.

Indem wir uns verändern, ändern sich auch unsere Gefühle, unsere Gedanken und Taten. Wir müssen unsere Gefühle analysieren und unsere Selbsteinschätzung immer wieder überprüfen, damit uns nichts entgeht. Nur wer sich selbst kennt, kann gute schriftstellerische Arbeit leisten.

Im Laufe der Zeit wird sich Ihr Karteikasten zu einer Fundgrube für Personen, Plätze und Begebenheiten entwickeln, über die Sie schreiben sollten. Denn Sie haben sich auf diesen Karten mit Ihren intensivsten Gefühlen auseinander gesetzt – und tiefe Gefühle sind schließlich die Basis jeder guten Literatur!

Bedeutet das zwangsläufig, dass Sie jetzt Ihre Autobiografie in Angriff nehmen sollen? Keineswegs. Es bedeutet lediglich, dass wir über Menschen, Dinge oder Situationen, die uns nichts bedeuten, nicht schreiben sollten.

Worüber haben Sie geschrieben, bevor Ihnen bewusst wurde, dass Sie zuerst Ihren innersten Empfindungen auf die Spur kommen sollten? Denken Sie an frühere Geschichten oder Entwürfe zurück. Haben Sie darin Material verarbeitet, das Sie emotional beschäftigt hat? Wenn nicht, warum nicht? Versuchen Sie, Ihre Methode umgehend zu ändern.

Sie könnten beispielsweise ein intensives Glücksgefühl oder ein stark empfundenes Umweltbewusstsein in einer traditionellen Wildwestgeschichte unterbringen. Oder Sie könnten aus der Erinnerung eine Phase aus Ihrem Leben heraufbeschwören, in der Sie besonders ängstlich oder wütend waren, und dieses Gefühl in einem Liebesroman verarbeiten. Gute AutorInnen machen ihre Gefühle, Gedanken und Erinnerungen in jedem Stück Prosa fruchtbar, das sie zu Papier bringen. Persönliche Emotionen bereichern jede Erzählung.

Wenn Sie bereits beim Schreiben auf Ihre Gefühle zurückgreifen, dann überlegen Sie, wie Sie Ihren Stil noch verbessern könnten. Denken Sie sich ein System aus, wie Sie mit Hilfe der Buntstifte Ihren Text markieren können, um ihn auf intensive Gefühle sowie dramatische Ereignisse, die diese auslösen könnten, zu überprüfen. Sie könnten beispielsweise jede direkte Bezeichnung eines Gefühls – also Begriffe wie Angst, Wut und Trauer – mit Rot markieren. Dann könnten Sie alle Textstellen, die bei den Lesern starke Gefühle hervorrufen sollen, mit Grün hervorheben und das beabsichtigte Gefühl an den Rand schreiben. Wenn eine Ihrer Figuren Gefühle zeigt, könnten Sie die Stelle mit Blau unterstreichen usw.

Nachdem Sie Ihren Text auf Emotionen hin untersucht haben, überlegen Sie bitte, ob diese Gefühle klar genug zum Ausdruck kommen, ob die betreffenden Stellen wirklich zu Herzen gehen oder ob Sie nicht die eine oder andere noch verbessern könnten.

3. Selbsterforschung

Wenn Sie mit der Überarbeitung fertig sind, gehen Sie die Änderungen noch einmal durch und versuchen Sie ein Muster zu erkennen. Vielleicht zielen alle Ihre Korrekturen darauf ab, Gefühle stärker zu betonen, damit Ihr Text weniger distanziert und kühl wirkt. Oder vielleicht hat eine Figur für Ihre Begriffe zu theatralisch reagiert, was Sie nun abgeschwächt haben.

Wenn Sie sich Ihres Erzählstils bewusst werden – am besten analysieren Sie Ihren Text mit etwas Abstand –, können Sie beim nächsten Mal emotionaler, ehrlicher und mit mehr Tiefgang schreiben.

In den letzten beiden Kapiteln dieses Buches werden wir auf das Thema Selbsterforschung zurückkommen und zusätzliche Kriterien aufstellen, die Sie beim Schreiben und Redigieren berücksichtigen können. Zunächst genügt es jedoch, wenn Sie ein Bewusstsein für Ihren Erzählstil entwickeln.

Notieren Sie bitte sämtliche Beobachtungen, die sich auf Ihre Arbeit und Gefühle beziehen, in Ihrem Journal. Beginnen Sie mit den stilistischen Tendenzen, die Ihnen bei der Überarbeitung Ihres Textes aufgefallen sind, damit Sie in Zukunft bestimmte Fehler vermeiden können.

Bitte nehmen Sie sich jetzt ausreichend Zeit für die in diesem Kapitel gestellten Aufgaben.

Zusammenfassung

In diesem Kapitel habe ich versucht, Sie davon zu überzeugen, dass persönliche, tief empfundene Erlebnisse die Voraussetzung für eine gute Geschichte sind. Dazu müssen Sie Ihren Gefühlen auf den Grund gehen und herausfinden, wodurch sie hervorgerufen werden. Ehrlichkeit gegenüber sich selbst ist dafür das A und O.

Als Arbeitsmethode habe ich Ihnen vorgeschlagen, Karteikarten anzulegen und deren Bestand regelmäßig zu erweitern.

Und nicht zum letzten Mal möchte ich Sie bitten, Geduld zu haben. Sie haben in diesem Kapitel viel Neues gelernt; lassen Sie sich Zeit, um es zu verdauen. Es handelt sich hier nicht um ein Wettrennen! Erst nachdem Sie sich intensiv mit dem bisherigen Stoff beschäftigt haben, sollten Sie sich dem nächsten Kapitel zuwenden.

4
Die Auswahl der Figuren

Zur Kontrolle:
- ✓ Haben Sie zu allen in Kapitel 3 aufgeführten Kriterien Karteikarten angelegt?
- ✓ Haben Sie damit begonnen, ein Journal zu führen?
- ✓ Haben Sie Ihre eigenen Geschichten sowie ein paar fremde analysiert?

Manche SchriftstellerInnen beginnen eine neue Geschichte, indem sie über einen geeigneten Ort nachdenken, andere überlegen sich ein Thema oder den Handlungsablauf, und wieder andere malen sich eine bestimmte Szene aus. Aber alle müssen sich alsbald Gedanken über die Figuren machen, die den Handlungsablauf bestimmen.

Geschichten werden erzählt, um die Handlungen, Gedanken und Gefühle von Personen wiederzugeben. Es gibt praktisch keine Geschichte, die ohne Personen auskommt. Selbst Geschichten über Tiere oder außerirdische Wesen funktionieren nur, wenn diese »Figuren« menschliche Eigenschaften aufweisen. Beatrix Potter mit ihrem Peter Hase oder Benjamin Kaninchen und J.R.R. Tolkien mit seinem kleinen Hobbit beispielsweise erschufen menschenähnliche Lebewesen, die sie mit menschlichen Ideen, Einstellungen und Gefühlen ausstatteten und wie Menschen handeln ließen, damit sich die Leser mit ihnen identifizieren und mitfühlen können.

Lassen Sie uns also mit den Figuren für Ihre Geschichte beginnen. Die Figuren einer Geschichte sind mehr als nur Namen und

4. Die Auswahl der Figuren

kurze Beschreibungen. Als AutorIn ist es Ihre Aufgabe, sie zum Leben zu erwecken. Sie sollten überzeugend und glaubwürdig sein. Sie brauchen lebendige Figuren, mit denen sich der Leser bzw. die Leserin identifiziert, die sie lieben oder auch hassen kann.

Lebendige Figuren zu kreieren, ist für einen Autor eine immer währende Herausforderung. Ich werde Ihnen dazu eine Technik vorstellen, die Ihnen zunächst vielleicht zu simpel erscheint. Aber wenn Sie ihr eine Chance geben, werden Sie bald überzeugt sein.

Auch hierzu brauchen wir Karteikarten. Nehmen Sie eine zur Hand und beschreiben Sie kurz eine Charaktereigenschaft, die Sie besonders schätzen. Manchmal reicht auch ein Wort.

Zum Beispiel könnten Sie sich für »Freundlichkeit« entscheiden und sie wie folgt näher charakterisieren:

– Freundlichkeit gegenüber Menschen, die Probleme haben,
– Freundlichkeit gegenüber hilflosen Tieren und Kranken,
– Freundlichkeit auch gegenüber gehässigen Menschen,
– Freundlichkeit gegenüber Kindern.

Seien Sie dabei auf der Hut, dass Sie Begriffe nicht verwechseln. Wenn Sie beispielsweise »Freundlichkeit – gegenüber Armen durch finanzielle Unterstützung« geschrieben haben, dann meinen Sie eigentlich »Großzügigkeit«, also eine weitere Charaktereigenschaft, die eine eigene Karte verdient.

Indem Sie wie oben beschrieben Ihre Karteikarten beschriften, lernen Sie, Ihre eigenen Wertmaßstäbe zu hinterfragen. Lassen Sie sich nicht entmutigen, wenn Ihnen zu einer Eigenschaft zunächst nichts einfällt. Überlegen Sie, welche Assoziationen Sie haben, wenn Sie diesen Begriff verwenden.

Gleichzeitig sollten Sie nicht zu weit ausholen. Es geht bei dieser Aufgabe um die Definition eines bestimmten Begriffs. Ziel dieser Übung ist es, dass Sie lernen, sich klar und präzise auszudrücken und eine Charaktereigenschaft mit wenigen Worten zu skizzieren.

Falls Ihnen zu viele Aspekte zu einer Eigenschaft einfallen, notieren Sie sie auf separaten Karten; aber vergessen Sie nicht: Ein paar Worte genügen! Wir wollen hier keine Enzyklopädie erstellen!

Wichtiger noch als die eindeutige Definition einer Charaktereigenschaft ist, dass Sie sich einen möglichst großen Fundus an – in Ihren Augen – positiven Eigenschaften erstellen. Schließlich wollen Sie nicht jede liebenswerte Figur mit denselben Zügen ausstatten! Deshalb sollten Sie mindestens 20 Karteikarten mit Persönlichkeitsmerkmalen beschriften, die Sie sympathisch oder ansprechend finden.

Nehmen Sie sich nun für diese Aufgabe ein paar Minuten Zeit, bevor Sie weiterlesen.

* * *

Fertig? Dann können wir uns auf den nächsten Schritt konzentrieren. Indem Sie nun 20 bewundernswerte Eigenschaften identifiziert haben, haben Sie schon einiges dafür getan, Ihre Hauptfigur mit unverkennbaren Charakterzügen auszustatten. Aber eine Geschichte benötigt mehr als eine Person; in der Regel ist die zweitwichtigste Figur eine Art Gegenspieler der ersten. Sie sollten sich also nun Charaktereigenschaften ausdenken, die zu dieser Figur passen könnten.

Füllen Sie bitte 20 weitere Karteikarten aus. Wählen Sie diesmal Eigenschaften, denen Sie nichts abgewinnen können. Denken Sie wieder daran, für jede Eigenschaft eine neue Karte zu verwenden und sie knapp und präzise zu definieren.

Sie werden feststellen, dass Sie oft das negative Pendant zu den zuvor genannten positiven Eigenschaften gewählt haben. Das lässt sich kaum vermeiden. Wenn Sie beispielsweise »Großzügigkeit« als positiven Zug notierten, wird Ihnen als negativer entweder »Geiz« oder »Egoismus« eingefallen sein. Es bleibt Ihnen überlassen, welche Eigenschaften Sie letztendlich in Ihre Liste aufnehmen.

Es ist auch unerheblich, ob Sie einen Mann oder eine Frau bei Ihrer Charakterisierung im Sinn hatten, ob Sie dabei an Personen aus Ihrem Bekanntenkreis dachten oder an Romanfiguren. Es spielt keine Rolle, woher Ihre Ideen stammen; es geht uns an dieser Stelle nur darum, Material für Figuren zu sammeln.

Füllen Sie also jetzt bitte Ihre Karten aus. Zügeln Sie Ihre Ungeduld. Ihr – hoffentlich prall gefüllter – Karteikasten wird Ihnen noch gute Dienste erweisen!

Machen Sie Charakterzüge durch Erkennungsmerkmale deutlich

Ihnen ist gewiss nicht verborgen geblieben, dass wir im richtigen Leben einen Menschen danach beurteilen, wie er aussieht, spricht und handelt, und nicht so sehr danach, was uns ein Bekannter über ihn oder sie erzählt hat.

»Tim wird dir gefallen«, sagt beispielsweise ein Freund zu Ihnen. »Jeder mag ihn sofort. Er ist amüsant, geistreich und immer freundlich.«

Vielleicht finden Sie in Ihrem Karteikasten die drei Adjektive »amüsant«, »geistreich« und »freundlich« als positive Persönlichkeitsmerkmale. Aber bestimmt sind Sie nicht sofort von Tim überzeugt. Sie kennen ihn ja gar nicht. Wahrscheinlich denken Sie: »Alles schön und gut, aber erst mal muss ich mir selbst ein Bild von diesem Burschen machen.«

Dasselbe gilt auch für Ihre Kurzgeschichte. Angenommen, Freundlichkeit ist für Sie ein bevorzugtes Merkmal. Aber um Ihre LeserInnen zu überzeugen, genügt es nicht zu schreiben: »Conny war ein sehr freundlicher Mensch.« Warum nicht? Weil die Beschreibung eines Wesenszugs abstrakt ist. Und in der Literatur –

4. Die Auswahl der Figuren

wie im Leben auch – beurteilen wir Menschen nicht auf Grund abstrakter Beschreibungen, sondern indem wir sie oder ihn beobachten und dann unsere Schlüsse ziehen.

Wir müssen also versuchen, unseren Lesern zu beweisen, dass unsere Figur über eine bestimmte Eigenschaft verfügt.

Das hört sich schwieriger an, als es ist. Wir haben bereits Karteikarten mit Charakterzügen, also abstrakte Begriffe, die für eine Befindlichkeit, einen inneren Zustand stehen. Jetzt müssen wir nur einen Weg finden, wie wir etwas Abstraktes/Inneres in etwas Konkretes/Äußeres umwandeln können.

Dazu denken wir uns ein Erkennungsmerkmal aus. Das kann die äußere Erscheinung, eine Handlung, eine bestimmte Geste oder Art zu reden oder auch irgendein anderes sichtbares Merkmal sein, das unsere Figur charakterisiert und das die Leser mit den Sinnen wahrnehmen können. Eine Figur, die Sie als egoistisch und geizig charakterisieren, könnte sich weigern, die Heizung im Büro aufzudrehen; sie könnte sich auch gierig die Hände reiben – die klassische Geste eines Geizkragens –, und sie könnte sogar einen Namen tragen, der geizig klingt, wie Knauser oder Knicker.

Ihre Aufgabe als AutorIn besteht also aus zweierlei: Zunächst statten Sie Ihre Figur mit einem positiven oder einem negativen Wesenszug aus. Danach überlegen Sie sich ein Erkennungsmerkmal, das diesen abstrakten Zug verdeutlicht.

Ihre Figur Conny, die Sie anfangs als »freundlich« beschrieben haben, sollte also ein oder mehrere konkrete Merkmale aufweisen, in denen sich ihre Freundlichkeit dokumentiert. Vielleicht fährt sie als ehrenamtliche Mitarbeiterin Essen aus. Oder vielleicht lächelt sie stets verständnisvoll selbst dann, wenn sie von ihrer ekelhaften Schwester beschimpft wird. Vielleicht sieht sie immer nur das Gute im Menschen – und sagt das auch.

Nehmen Sie sich jetzt eine Karteikarte mit einem Charakterzug vor und notieren Sie in wenigen Worten ein paar Erkennungsmerkmale, die Sie zur Veranschaulichung wählen könnten. Ihrer Fantasie sind dabei keine Grenzen gesetzt! Verlieren Sie nicht den Mut: Wie gesagt, Übung macht den Meister!

Denken Sie daran, dass Sie das gewählte Erkennungsmerkmal mehrmals verwenden, damit es dem Leser bzw. der Leserin auffällt. Conny sollte also beispielsweise nicht nur einmal Essen ausfahren. Ihr freundliches Wesen sollte öfter zum Vorschein kommen. In diesem Zusammenhang könnte sie beispielsweise einem ihrer Kollegen erzählen, dass sie das Benzin für ihre Tour aus eigener Tasche bezahlt hat. Oder Sie könnten erwähnen, dass sie Kopfschmerzen vom vielen Herumfahren hat. Ein Erkennungsmerkmal ist viel zu wertvoll, um nur einmal verwendet zu werden!

Ihre nächste Aufgabe besteht darin, für jeden Charakterzug, den Sie notierten, mindestens ein Erkennungsmerkmal zu finden.

In der Regel werden dies bestimmte Handlungen sein, wie eben das Essenausfahren. Oder auch eine charakteristische Geste, wie das gierige Händereiben des Geizkragens. Eine andere Möglichkeit wäre, der Figur einen bestimmten Satz in den Mund zu legen, den sie ständig wiederholt, wie: »Ich weiß gar nicht, warum alle immer gegen mich sind!« Auch die äußere Erscheinung kann ein solches Erkennungsmerkmal sein. Einen Schlägertypen könnten Sie beispielsweise mit großen Händen und behaarten Armen ausstatten.

Lassen Sie sich Zeit und gehen Sie in Ruhe die Ihnen gestellte Aufgabe an. Vergessen Sie nicht, dass Sie damit wertvolle Vorarbeit für Ihre Kurzgeschichte leisten!

Noch einmal: Ein Erkennungsmerkmal ist ein charakteristisches Merkmal einer Figur und kein Handlungsstrang und auch keine ausufernde Beschreibung. Denken Sie sich etwas Pfiffiges aus! Wichtig ist der Wiedererkennungswert. Wie wär's mit einer schrulligen Angewohnheit, einem Lieblingsausdruck oder einer unverwechselbaren Geste, etwas Markantes, das Sie öfters wiederholen können?

Übertreibungen

Sollten Sie feststellen, dass Ihre Erkennungsmerkmale recht exotisch ausgefallen sind, so ist das kein Problem. Es hat sich gezeigt, dass die plausibelsten Figuren einer Geschichte von Übertreibungen leben, sowohl in Bezug auf ihre abstrakte Charaktereigenschaft als auch auf ihr Erkennungsmerkmal.

Solch eine Figur – sagen wir: ein Soldat – ist dann seinen Kameraden gegenüber nicht nur loyal, sondern opfert sich für sie geradezu auf. Er meldet sich immer freiwillig für gefährliche Patrouillen, damit sie ihr Leben nicht aufs Spiel setzen müssen. Wenn die Reihe an ihm ist, hinter die Frontlinie zurückversetzt zu werden, lässt er einem seiner Kameraden den Vortritt usw.

Vielleicht erscheint Ihnen eine solche Figur zu übertrieben. Aber glauben Sie mir: LeserInnen, vor allem einer Kurzgeschichte, brauchen derartige Überzeichnungen, damit sie sich eine Figur vorstellen können. Deshalb sollten Sie Ihrer Fantasie freien Lauf lassen!

Übertreibung ist allemal besser als Zurückhaltung, vor allem, wenn Sie – wie in einer Kurzgeschichte – nicht viel Platz haben. Sollten Sie im Nachhinein feststellen, dass die eine oder andere Figur überzeichnet ist, können Sie immer noch Änderungen vornehmen. Später ist es kaum möglich, eine Figur stärker hervorzuheben, wenn sie erst einmal als unscheinbar eingeführt wurde.

Zusammenfassung

Glaubhafte und lebendige Figuren sind das A und O einer guten Geschichte.

Beobachten Sie die Menschen in Ihrer Umgebung und notieren Sie auf Karteikarten ihre positiven bzw. negativen Charaktereigenschaften. Für Ihre Romanfiguren brauchen Sie einen Vorrat an Eigenschaften, aus dem Sie schöpfen können. Wenn

Sie Ihre eigenen Beobachtungen und Erfahrungen einbringen, werden Ihre Figuren lebendig und glaubwürdig sein.

Charakterzüge sind etwas Abstraktes. LeserInnen aber wollen Beweise für die Plausibilität einer Figur. Als AutorIn sollten Sie deshalb ein äußeres Erkennungsmerkmal mitliefern, damit der Leser bzw. die Leserin Ihre Figur wieder erkennen kann.

Übertreibungen sind wünschenswert!

Sobald Ihnen weitere Charaktereigenschaften und/oder andere Erkennungsmerkmale einfallen, schreiben Sie sie bitte auf. Denken Sie daran, Ihre Karteikartensammlung regelmäßig zu erweitern bzw. zu überarbeiten. Lassen Sie sich von interessanten Leuten inspirieren!

Auszeit
Die Struktur einer Geschichte

Wie ich bereits erwähnt habe, rufe ich Sie bei dieser praktischen Anleitung zum Schreiben einer Kurzgeschichte ein paar Mal zu einer Spielunterbrechung auf. Nicht alle Aspekte einer Kurzgeschichte lassen sich schließlich im Rahmen eines praxisbezogenen Ansatzes vermitteln. In unseren Auszeiten wollen wir uns den allgemeinen Konzepten und Vorstellungen von Literatur widmen oder auch den Gedankenmodellen, von denen SchriftstellerInnen ausgehen, die sie aber kaum je in Worte fassen.

In der akademischen Welt nennt man solche Verallgemeinerungen »Synthesen« oder »Paradigmen«. Es handelt sich dabei um theoretische Konzepte zum Verständnis von Prosa und ihrer Funktionsweise, die Sie erst dann nachvollziehen werden können, wenn Sie dieses Buch durchgearbeitet und sich selbst eine Meinung gebildet haben.

Wenn Sie sich bereits mit modernen Kurzgeschichten beschäftigt haben, wird es Sie vielleicht überraschen, dass ich in diesem Zusammenhang von »Struktur« spreche. Während sich längere Prosa auf Grund ihrer klaren Struktur problemlos analysieren lässt, kommt es uns zunächst so vor, als zeichne sich moderne Kurzprosa vor allem durch Formlosigkeit und Exzentrik aus.

Oberflächlich betrachtet stimmt das auch. Bei Romanen unterscheiden wir etwa zwischen dem klassischen Kriminalroman, dem Liebesroman, dem Wildwestroman, dem Sciencefiction- und dem historischen Roman. Sie alle weisen spezifische, identifizierbare Charakteristika auf und sind zudem in der Regel in einzelne Kapitel unterteilt.

Bei modernen Kurzgeschichten scheint es zunächst, als hätten sie nichts gemeinsam. Schon allein, was die Länge angeht: Üblich sind 3000 bis 5000 Wörter, aber manche Geschichten bestehen nur aus ein paar hundert Wörtern, während andere fast an eine Novelle – für die mindestens 60 000 Wörter veranschlagt werden – heranreichen. Darüber hinaus variieren sie erheblich in Bezug auf Erzählperspektive, Stil und Thematik.

Aber trotz allem lassen sich auch bei moderner Kurzprosa Strukturen erkennen, vor allem, wenn wir sie mit Abstand betrachten und uns nicht in Details verlieren.

Wenn Sie beispielsweise den Begriff »Unterkunft« beschreiben müssten, fiele Ihnen sicherlich eine Vielzahl verschiedener Gebäudetypen ein, die auf den ersten Blick kaum etwas miteinander gemeinsam haben: ein Einfamilienhaus, eine Pension, ein Hotel, ein Hochhaus, eine Holzhütte, eine Villa, ein Mietshaus, ein Bunker, ein Iglu etc.

Wenn Sie die Unterschiede ignorieren, so erkennen Sie, dass es durchaus Gemeinsamkeiten gibt wie beispielsweise ein Dach und Mauern, einen Ein- und Ausgang, Fensteröffnungen, einen Fußboden, einen Schornstein. Wenn Sie jedoch die verwendeten Materialien untersuchen, treten die Gemeinsamkeiten wieder in den Hintergrund.

Das eben Gesagte lässt sich auf die moderne Kurzgeschichte übertragen. Was also sind die gemeinsamen Elemente?

Gemeinsame Elemente

Zunächst einmal ist eine Kurzgeschichte länger als eine Vignette, aber kürzer als eine Novelle. Das klingt wie eine Binsenweisheit, ist aber die Grundlage einiger sinnvoller Unterscheidungen.

In den Augen vieler AutorInnen wird ein Text zu einer Geschichte, wenn er mehr als ein paar hundert Wörter umfasst, also länger ist als eine Vignette. Und was ist eine Vignette? Eine

Vignette ist ein Bild, ein Foto, eine Art Momentaufnahme. Sie versucht, die Bedeutung eines Augenblicks einzufangen. In der Regel kommen darin keine Figuren vor.

Der Verfasser einer Vignette will keine Geschichte erzählen, sondern vielmehr einen Ort, ein Ereignis oder einen Zeitpunkt beleuchten und ein bestimmtes Gefühl bei den Lesern hervorrufen. Er beschränkt sich dabei auf eine Beschreibung oder eine Aussage.

Die Leser einer Vignette legen keinen Wert auf eine Erzählung oder die Abfolge irgendwelcher Ereignisse. Ihnen geht es vielmehr darum, für einen Moment eines Eindrucks oder einer Empfindung teilhaftig zu werden, die sie den Alltag vergessen macht – also um ein Leseerlebnis, wie es exemplarisch etwa ein Gedicht von Emily Dickenson bietet.

Eine Kurzgeschichte dagegen kann sich nicht darauf beschränken, bloß eine bestimmte Empfindung oder Stimmung hervorzurufen. Sowohl dem Autor als auch den Lesern geht es nicht um einen eingefangenen Moment, sondern um eine spannende Geschichte, deren ungewisser Ausgang das Interesse fesselt. Und diese Geschichte muss in 3000, maximal in 7500 Wörtern erzählt werden können. Die Beschränkung auf diese Umfangsvorgabe zwingt den Autor, sich präzise auszudrücken und nicht zu ausschweifend zu erzählen. Gute Kurzgeschichten zeichnen sich immer durch äußerste Verknappung des Stoffs, der Handlungselemente usw. aus, die in ihr angelegt sind.

Ein weiteres Kriterium einer Kurzgeschichte ist, dass sie schriftlich vorliegt. Viele von uns erzählen gern Geschichten, sind aber deshalb noch lange keine VerfasserInnen von Kurzgeschichten. Beim mündlichen Vortrag kommt es mehr auf die dramatischen Fähigkeiten des Erzählers an, während bei einer Kurzgeschichte der sprachliche Ausdruck im Vordergrund steht.

Ein weiterer Aspekt ist die Erzählperspektive. Darauf werden wir später noch ausführlicher zu sprechen kommen. Im Moment geht es mir nur um den Blickwinkel, aus dem die Geschichte erzählt wird. Eine Kurzgeschichte wird aus der Sicht einer Figur erzählt, das heißt der Leser oder die Leserin verfolgt das Geschehen mit den Augen dieser Person.

Wahrscheinlich waren die ersten Kurzgeschichten autobiographischer Natur. Reisende, die aus der Fremde zurückkehrten, erzählten den Freunden und Verwandten zu Hause von ihren Erlebnissen. Nachdem sein Fundus an Abenteuern erschöpft war, kam der Erzähler vielleicht auf die Idee, sich Geschichten auszudenken, um seine Zuhörer weiterhin zu unterhalten. Diese erzählte er in der ersten Person, um seine Zuhörerschaft hautnah am Geschehen teilhaben zu lassen.

Diese etwas simple Darstellung soll Ihnen deutlich machen, wie wichtig es ist, dass Sie sich eine Figur aussuchen, aus deren Sicht Sie die Geschichte erzählen, und dass Sie diese Erzählperspektive möglichst beibehalten. Da wir naturbedingt nur unsere eigene Sichtweise kennen, erscheinen uns Geschichten am glaubhaftesten, wenn wir das Geschehen aus der engen Perspektive einer Figur erleben, mit der wir uns identifizieren können.

Filme dagegen werden selten aus nur einer Perspektive gedreht. Das Auge der Kamera ist flexibel. Deshalb scheitern viele Drehbuchautoren auch als Kurzgeschichten- oder Romanautoren. Sie »schwenken« hin und her und verwirren dadurch den Leser. Gute SchriftstellerInnen beziehen ihre Leser durch ihre Erzählweise in die Geschichte ein.

Ein weiteres Merkmal einer Kurzgeschichte ist »Bewegung«. Wie wir diese erzielen können, werde ich später noch erläutern. Hier sei nur erwähnt, dass sich eine Kurzgeschichte entwickelt, das heißt, dass etwas passiert, was die Handlung vorantreibt. Situation und Zeit zu Beginn einer Geschichte sind immer anders als am Ende. Als AutorIn können Sie nicht endlos ein statisches Tableau beschreiben, sondern Sie müssen sich eine Handlung ausdenken und über eine Erzählperspektive nachdenken.

Was in Ihrer Geschichte passiert, sollte sich natürlich auf die beteiligten Personen auswirken. Nicht alle Ereignisse haben Folgen. Wenn ein Baum ohne Zeugen oder gar Betroffene umstürzt, ist das ohne Bedeutung. Wen kümmert es schon in einem menschenleeren Wald, wie sich das Niederprasseln eines Baumes anhört?

Ich meine damit, dass die Handlung Ihrer Geschichte das Verhalten, die Einsichten, Gefühle etc. Ihrer Figuren verändern muss. Es genügt nicht, dass Sie mit immer neuen sprachlichen Tricks ein und dieselbe Gegebenheit beschreiben. Das Bemühen um sprachliche Perfektion kann sehr wohl auf Kosten der Bewegung und Dynamik gehen. Leider sorgen sich zu viele angehende AutorInnen zu sehr um stilistische Eleganz und vergessen dabei ganz, eine mitreißende Geschichte zu entwickeln.

Ein weiteres Element ist die »emotionale Entwicklung«. Darunter verstehe ich, dass sich im Verlauf der Kurzgeschichte die Gefühle der Figuren ändern. Eine gute Kurzgeschichte thematisiert eine »Pilgerreise«. Sie behandelt die Suche eines Menschen nach Wahrheit, Sinn oder Glück sowie die Entwicklung, die er durchmacht und die ihn wachsen lässt.

Verstehen Sie mich nicht falsch: Es geht mir dabei nicht im Geringsten um rührselige Geschichten. Vielleicht gelingt es Ihnen, mit Ihrem Stil Gefühle auf sehr subjektive und intensive Weise darzustellen, in dem Sie praktisch in eine Figur hineinschlüpfen. Andererseits kann Ihr Stil vielleicht auch objektiv anmuten, obwohl Ihre Geschichte mit intensiven Gefühlen zu tun hat, die aber nicht dadurch deutlich werden, dass Sie eine Ihrer Figuren sich selbst beobachten lassen. Ein klassischer Vertreter dieser literarischen Haltung ist Ernest Hemingway, dessen Romane sich auf den ersten Blick wie Reportagen lesen, die aber durch wohl überlegte Impressionen den Lesern verdeutlichen, was den Figuren emotional zu schaffen macht.

Welchen Stil oder Ansatz Sie auch immer bevorzugen: Wichtig

ist, dass Sie sich in Ihren Geschichten mit starken Gefühlen auseinander setzen. Dazu müssen Sie lernen, sich in Ihre Figuren hineinzuversetzen und mit ihnen zu fühlen – was manchmal sehr anstrengend sein kann. Kurzgeschichten sind nichts für emotionale Feiglinge. Die Darstellung intensiver Gefühle ist für eine gute Geschichte unvermeidlich.

Ein anderer Aspekt der Struktur moderner Kurzgeschichten besteht darin, dass sie durch die Mittel der Erzählung, der Beschreibung, der Internalisierung und des dramatischen Geschehens transportiert werden – genauer: wenigstens durch eines dieser Mittel, gemeinhin aber durch eine gelungene Mischung aller vier.

Die Erzählung

Unter einer Erzählung versteht man ganz allgemein sowohl eine mündlich als auch eine schriftlich wiedergegebene Geschichte, also die Schilderung von Ereignissen, einschließlich erdachter Dialoge und detailliert beschriebener Handlungen. Unsere präzisere Definition bezieht sich jedoch nur auf die schriftliche Darstellung einer Abfolge von Ereignissen auf möglichst komprimierte und knappe Weise.

Stellen wir uns beispielsweise zwei Personen auf der Fahrt ins Wochenende vor. Unterwegs geraten sie in einen heftigen Regen, werden später Zeugen eines Verkehrsunfalls und suchen sich abends ein Hotelzimmer. Nehmen wir einmal an, dass der Wolkenbruch, der Unfall und die Hotelsuche wichtige Ereignisse sind, dann könnte ein Autor diese Fahrt auf mehreren Seiten bis in alle Einzelheiten beschreiben, mit Dialogen zwischen den Figuren, wie ihnen der Regenguss die Sicht durch die Windschutzscheibe erschwert, wie sie eventuell an der Unfallstelle anhalten, um ihre Hilfe anzubieten. In einer Kurzgeschichte kommt es jedoch auf die Kürze an. Was halten Sie von folgendem Vorschlag:

> Morgens um acht fuhren sie los und gerieten kurz darauf in einen heftigen Regenschauer, der das Fahren sehr erschwerte. Ein paar Stunden später kamen sie an einer Unfallstelle vorbei. Gegen Abend suchten sie sich ein Hotel.

Eine Erzählung, wie wir sie verstehen, ist eine knappe, präzise Wiedergabe bestimmter Ereignisse.

Mit Hilfe der Erzählung gelingt es uns, Ereignisse zu erwähnen, die in anderer Form den Rahmen einer Kurzgeschichte sprengen würden. Allerdings reißt diese knappe Darstellung unsere Leser nicht so mit wie eine pointierte Beschreibung. Nehmen Sie sich jetzt einen Moment Zeit und überlegen Sie, wie Sie diese Fahrt mit Hilfe einiger spannender, detaillierter Episoden schildern könnten. Sie könnten Diskussionen zwischen den Figuren einfügen, auch ein Streitgespräch über den Sinn einer solchen Fahrt bei schlechtem Wetter. Jedes neue Problem unterwegs könnte die Stimmung zwischen den Figuren verschlechtern und die Situation weiter verschärfen.

* * *

Sicher ist Ihnen bei Ihren Überlegungen aufgefallen, dass bei einer Erzählung Spannung und die Einbeziehung der Leser zu kurz kommen. Trotzdem gehört sie zur Struktur einer Kurzgeschichte. Wichtig ist, zu wissen, wann sie sinnvoll eingesetzt werden kann oder wann ein Ereignis zu bedeutsam ist, um es derart zu verkürzen.

Die Beschreibung

Auch Beschreibungen sind Teil einer Kurzgeschichte. Ob Sie Ihren LeserInnen eine Straße oder ein Büro beschreiben oder eine bestimmte Figur, Sie sprechen damit die Sinne – vor allem den Sehsinn – Ihrer Leser an, damit sie sich Orte und Personen visuell vorstellen können. Kaum eine Kurzgeschichte kommt ohne Beschreibungen aus.

Das Problem bei einer Beschreibung ist, dass Sie damit den Fluss Ihrer Geschichte unterbrechen und möglicherweise den roten Faden verlieren. Um das zu vermeiden, sollten Sie folgende Punkte beachten:

– Beschreibungen sollten so kurz und anschaulich wie möglich sein.
– Beschreibungen sollten möglichst in die Handlung einbezogen werden.

Viele versuchen sich hoffnungsvoll als Schriftsteller, weil die Lehrerin in der Schule ihre Beschreibungen lobte. Wer von uns erinnert sich nicht an die zahllosen Aufsätze, die wir über einen Ausflug, unsere Ferien etc. schreiben mussten? Gewiss, dadurch wurde unsere Beobachtungsgabe und Sprachfertigkeit geschult, aber leider kam es hauptsächlich darauf an, etwas so wortreich und ausführlich wie möglich zu beschreiben. Der längste Aufsatz bekam die beste Note!

Bei einer Kurzgeschichte jedoch hemmen langatmige Beschreibungen den Erzählfluss. Wer zu Weitschweifigkeit neigt, sollte seine Beschreibungen radikal kürzen und Aneinanderreihungen von Adjektiven und Adverbien durch ausdrucksstarke Nomen und Verben ersetzen.

Wenn Sie beispielsweise mit 200 Wörtern dramatisch beschreiben, wie Pauline einen Raum betritt, könnten Sie sämtliche Adjektive und Adverbien streichen und lediglich schreiben: »Pauline stürzte ins Zimmer.«

Sie könnten eine Beschreibung auch einer Figur »unterjubeln«. Er oder sie könnte beispielsweise auf dem Weg zur Arbeit die alte Turmuhr, den Morgennebel, die zunehmende Kühle *bemerken*. Dadurch ersparen Sie sich – und Ihren LeserInnen – eine objektive, oft langweilige Beschreibung. Auch könnten Ihre Figuren während eines Gesprächs beiläufig ihr Gegenüber beschreiben, etwas zum Gesichtsausdruck, den Haaren, der Kleidung sagen.

Durch die Integration dieser Informationen bleibt die Spannung erhalten und geht nicht wie bei einer Beschreibung Ihrerseits verloren.

Die Internalisierung

Bei der Internalisierung handelt es sich um das Innenleben, die Gedanken und Gefühle der Figur, aus deren Perspektive die Geschichte erzählt wird. Dieses Verfahren dient dazu, die Bindung zwischen Lesern und Figur zu stärken. Wenn der Autor Gefühle – wie wir sie alle kennen – durch Internalisierung zeigt, neigen die Leser eher dazu, sich in eine Figur hineinzuversetzen und mit ihr mitzufühlen.

Auch auf Gedanken trifft dies zu: Wenn die Leser »erleben«, wie eine Figur denkt und ihren nächsten Schritt plant, werden sie eher verstehen, warum bestimmte Dinge passieren. Die Geschichte wird dadurch plausibler. Durch die Technik der Internalisierung wird sowohl Sympathie für eine Figur geweckt als auch Verständnis für ihre Beweggründe.

Aber ebenso wie bei einer Beschreibung hemmen auch längere Internalisierungspassagen den Handlungsablauf. Maßvoll eingesetzt wirkt diese Technik Wunder, aber wenn die Leser den Eindruck gewinnen, dass eine Figur immer nur dasitzt und nachdenkt, dann verlieren sie schnell das Interesse an der Geschichte.

Auch die Spannung leidet unter einem Übermaß an Internalisierung. Durch zu viele Erklärungen bringt der Autor die Leser um das Vergnügen, selbst etwas zu entdecken. Als Grundregel gilt: Literatur sollte leise andeuten und nicht explizit erläutern.

Wie häufig Sie zu diesem Mittel greifen, hängt zum Ersten von Ihren schriftstellerischen Fähigkeiten ab, zum Zweiten von der Art der Geschichte, die Sie schreiben wollen, und zum Dritten von der Figur, die Sie zu entwickeln beabsichtigen. Geht es in Ihrer Geschichte beispielsweise darum, wie eine junge Frau unter

Depressionen leidet, dann sind durchaus längere Passagen angebracht, in denen Ihre Heldin in ihrem Schaukelstuhl am Fenster sitzt und vor sich hin sinniert. <u>Wenn Sie dagegen einen Konflikt zwischen zwei oder mehreren Figuren zur Darstellung bringen wollen, dürfte so gut wie keine Internalisierung vorkommen, weil die Figuren handeln statt zu reflektieren.</u>

Ich werde an anderer Stelle noch auf diese Technik zurückkommen und Ihnen praktische Hinweise geben, wie Sie sie einsetzen können.

Das dramatische Geschehen

Bei diesem letzten Charakteristikum handelt es sich im Grunde um drei verschiedene Arten der Präsentation einer Geschichte: <u>Dialog</u>, <u>Manöver</u> und <u>Übergang</u>. Im Folgenden gebe ich Ihnen einen kurzen Überblick über diese drei Techniken; später lernen Sie dann, wie man sie anwendet.

Dialoge sind natürlich Gespräche zwischen einzelnen Figuren. Sie haben in modernen Kurzgeschichten die Funktion des Ich-Erzählers übernommen und sind inzwischen eine beliebte Erzähltechnik. Dialoge beziehen die Leser in das Geschehen ein. Sie zeigen Konflikte zwischen den Figuren auf und sind ein wichtiges Mittel zu ihrer indirekten Charakterisierung. Wir lernen die Personen kennen durch das, was sie sagen und wie sie es sagen.

Im Gegensatz zu einem »echten« Dialog zwischen Menschen, die sich widersprechen, unterbrechen, Monologe halten, wichtige Wörter wiederholen etc., ist der Dialog in einer Kurzgeschichte etwas Künstliches, ein Kunstprodukt, das um so echter aussieht, je mehr der Autor daran gefeilt hat. Er zeichnet sich durch Kürze und Prägnanz aus.

Auch Manöver sind in modernen Kurzgeschichten ein beliebtes Strukturelement. Darunter verstehe ich das problematische Verhältnis zwischen mindestens zwei Figuren. Sei es, dass sie sich versuchen zu betrügen oder zu verstehen oder miteinander konkurrieren. Die Hauptfiguren umkreisen einander, greifen an und parieren wie bei einem Boxkampf oder beim Fechten. Dabei kann es sich um eine handfeste Auseinandersetzung oder auch um ein subtiles Geplänkel handeln.

Ich sagte anfangs, dass eine Kurzgeschichte von der »Bewegung« lebt. Diese erzielen Sie am besten dadurch, dass Ihre Hauptfiguren immer in Verbindung bleiben, das heißt in irgendeine Art von Manöver verstrickt sind.

Jetzt kommen wir zum letzten Punkt, dem »Übergang«. Hierbei handelt es sich um Passagen, in denen eine Figur von einem Ort zum anderen oder von einer Zeit in eine andere gelangt. In modernen Kurzgeschichten wird dieser Wechsel so kurz wie möglich dargestellt.

Vielen AutorInnen bereiten Übergänge große Probleme: »Wie bringe ich ihn nur vom Klassenzimmer in die Cafeteria?« Oder: »Wie schaffe ich den Sprung von Dienstagnachmittag zu Donnerstagmorgen?« In beiden Fällen lautet die Antwort: konkret und ohne Umschweife.

Im ersten Beispiel könnten Sie schreiben: »Er verließ das Klassenzimmer und ging in die Cafeteria«, oder noch kürzer: »Nachdem er das Klassenzimmer verlassen hatte, ging er in die Cafeteria.« Oder Sie schließen den Abschnitt mit einem Satz über das Klassenzimmer ab und beginnen den nächsten in der Cafeteria: »Später in der Cafeteria...«

Übergänge braucht man in jeder Kurzgeschichte, und am elegantesten gelingen sie durch klare Aussagen. Leser legen keinen Wert auf einen geschickt getarnten Übergang; sie möchten wissen, wie die Geschichte weitergeht! Und selbst ein Sprung von New York am Montag nach London am Dienstag lässt sich leicht in einen Satz fassen.

In längeren Geschichten könnten Sie ganz auf Übergänge verzichten, sie lediglich durch Sternchen oder Leerzeilen andeuten.

Aber das ist oft gar nicht nötig. Wenn Sie Ihre Geschichte fortlaufend und ohne Brüche erzählen, werden Ihnen Ihre LeserInnen ohne Probleme folgen können.

* * *

In den »normalen« Kapiteln folgt an dieser Stelle immer eine Zusammenfassung; in den Auszeiten verzichte ich bewusst darauf, da ich Sie mit meinen Gedanken zur modernen Kurzgeschichte zum Nach- und Weiterdenken anregen möchte. Meine Hoffnung ist, Ihnen nach und nach zu Ihrer ganz eigenen »Synthese« verhelfen zu können – zu einem Gesamtbild, aus dem Sie sich dann nach Belieben bedienen mögen.

5
Die Art der Geschichte

Zur Kontrolle:
✓ Haben Sie Karteikarten mit Charaktereigenschaften und Erkennungsmerkmalen angelegt?
✓ Haben Sie vielleicht schon darüber nachgedacht, wie Sie diese Karten einsetzen könnten, um eine Figur für Ihre Kurzgeschichte zu entwerfen?
✓ Vielleicht finden Sie dazu einen Eintrag in Ihrem Journal!

Es gibt unendlich viele Arten von Kurzgeschichten, aber im Grunde lassen sie sich in drei Gruppen unterteilen: Konfliktgeschichten, Entscheidungsgeschichten und Erkenntnisgeschichten. Wichtig ist, dass Sie herausbekommen, welcher Typ Ihnen am meisten liegt.

Vielleicht stört es Sie, gleich in Kategorien denken zu müssen. Gewiss werden Sie sich im Laufe Ihres weiteren Schreibens in allen drei Arten ausprobieren, aber die Erfahrung hat gezeigt, dass die meisten AutorInnen zu einem bestimmten Typ tendieren. Ich beispielsweise bevorzuge Konfliktgeschichten. Und so werden die meisten meiner Geschichten dem Genre des Thrillers zugeordnet.

Ich habe allerdings auch schon so manche Erkenntnisgeschichten geschrieben, in denen der junge Erzähler im Verlauf der Geschichte erwachsen wird.

Zunächst einmal wollen wir uns die einzelnen Arten etwas genauer ansehen.

Konfliktgeschichten

In einer Konfliktgeschichte arbeitet die Hauptfigur auf ein bestimmtes Ziel hin und macht vom Erreichen dieses Ziels ihr Glück abhängig. Eine andere Figur stellt sich ihm oder ihr entgegen, was zu Auseinandersetzungen führt. Auf dem Höhepunkt oder am Ende kommt es zwischen den beiden Kontrahenten zur Machtprobe, die einer von beiden gewinnt.

Ein Konflikt kann, muss aber kein melodramatischer Kampf voller Action sein. Entscheidend ist, dass der Protagonist ein Ziel hat und der Antagonist entweder dasselbe Ziel verfolgt oder den Protagonisten daran hindern will, es zu erreichen. Die Geschichte lebt von Manövern, Auseinandersetzungen und der Spannung, die diese kreieren. Am Ende gibt es immer einen klaren Sieger und einen Verlierer.

Ein Konflikt ist also eine Auseinandersetzung – nicht etwa ein Unglück, ein Verhängnis, das einen plötzlich trifft. Eine Krankheit, die einen unerwartet heimsucht, ein Schneesturm, in den man hineingerät, der Tod eines nahen Angehörigen: Dagegen kann man sich nicht wehren; es passiert einfach. Es ist Schicksal.

Ein Konflikt bzw. seine Bewältigung ist etwas Aktives, Dynamisches. Ihre Figur versucht alles, um aus diesem Konflikt als Sieger hervorzugehen. Leser neigen dazu, in einem Konflikt Partei für die Figur zu ergreifen, die der Autor am sympathischsten gezeichnet hat. Mit einer Figur, der ein Unglück widerfährt, empfinden wir zwar Mitleid, aber unsere Gefühle sind weniger intensiv, da wir wissen, dass man keinen Einfluss auf sein Schicksal hat.

Nicht selten im Leben spielt uns das Schicksal einen Streich, aber was uns in Erinnerung bleibt, sind die Konfliktsituationen, die wir bewältigt haben. Eine Konfliktgeschichte fesselt die Leser; sie leiden mit der Hauptfigur mit und empfinden die Probleme, mit denen sie sich herumschlägt, als ihre eigenen.

Zu Konfliktgeschichten zählen traditionelle Wildwestgeschichten, die meisten Spionage- und Abenteuergeschichten sowie Geschichten, die eine Suche zum Thema haben (wie beispielsweise die Filme über *Indiana Jones*).

Damit wir uns nicht missverstehen: Selbstverständlich können Sie in Ihrer Geschichte sowohl Schicksalsschläge als auch Konflikte unterbringen. Aber während ein Schicksalsschlag etwas Passives ist, bringt ein Konflikt eine Geschichte voran.

Nehmen Sie nun drei Karteikarten und beschreiben Sie auf jeder einen Konflikt zwischen zwei Figuren. Sie könnten beispielsweise schreiben: »Joe und Bill streiten sich um den Sack Gold, den sie in der Mine gefunden haben; nur einer kann ihn bekommen.« Oder: »Jennifer möchte gern in ihrer Heimatstadt bleiben, aber ihr Ehemann will einen lukrativen Job in einer anderen Stadt annehmen und besteht darauf, dass sie umziehen.«

Wenn Sie fertig sind, drehen Sie die Karten bitte um und notieren Sie auf der Rückseite ein schicksalsbedingtes Unglück. Im ersten Fall könnten Sie schreiben: »Joe und Bill finden Gold, verlieren es aber wieder in einem Sturm.« Und im zweiten: »Jennifer hängt sehr an ihrer Heimatstadt, aber der neue Job ihres Mannes zwingt sie umzuziehen. Sie ist sehr traurig darüber.«

Diese kleine Übung zeigt Ihnen vielleicht am besten den Unterschied zwischen einem Konflikt und einem Unglück.

Entscheidungsgeschichten

Von einer Entscheidungsgeschichte sprechen wir, wenn die Hauptfigur ein Problem hat, das sie lösen muss, um wieder glücklich zu sein. Dazu muss sie sich zu einer Entscheidung durchringen. Oft ist sie jedoch zu verwirrt, um klar denken zu können. Am Ende der Geschichte, nach zahlreichen halbherzigen Anläufen, ist sie gezwungen, sich endlich zu entscheiden und dadurch vielleicht ihr Leben in eine andere Bahn zu lenken.

5. Die Art der Geschichte

Eine solche Geschichte kommt ohne Gegenspieler aus, aber manchmal ist es sinnvoll, einen zu kreieren, auch wenn er sich hauptsächlich im Hintergrund hält. Für die Leser wird dadurch die Position des Protagonisten deutlicher. Gleichzeitig erschwert der Gegenspieler die Entscheidungsfindung des Protagonisten.

Obwohl auch in dieser Art der Geschichte Konflikte auftauchen können, sollten sie nicht im Vordergrund stehen. Entscheidungsgeschichten zeichnen sich vor allem durch die Entscheidung aus, die die Hauptfigur treffen muss, sei es der Umzug in eine andere Stadt, ein verlockendes Jobangebot, die Wahl zwischen zwei LiebhaberInnen oder eine überfällige Trennung.

Auch ohne Konflikte kann sich eine solche Geschichte entwickeln. Wenn beispielsweise der Druck groß genug bzw. die Figur so unglücklich mit ihrem Leben ist, dass eine Entscheidung gefällt werden muss, dann reicht die daraus resultierende Spannung aus, um den Leser mitzureißen.

Manchmal beginnt eine Geschichte auch als Konfliktgeschichte und endet als Entscheidungsgeschichte. In dem klassischen Western *Shane* gibt es beispielsweise zahlreiche Konflikte, bis er sich in eine Entscheidungsgeschichte umkehrt: Shane beschließt, wieder zur Waffe zu greifen, um die Gangster der Stadt zu bekämpfen. Die Geschichten von Henry James und Edith Wharton sind Entscheidungsgeschichten. Zeitschriften wimmeln von Entscheidungsgeschichten, wenngleich es manchmal schwierig ist, die »Entscheidung« oder ihre Bedeutung zu erkennen.

Nehmen Sie jetzt bitte wieder drei Karteikarten und notieren Sie auf jeder eine schwere Entscheidung, die eine Figur zu treffen hat. Seien Sie dabei bitte präzise. Schreiben Sie nicht nur: »Barbara muss einiges in ihrem Leben ändern.« Das ist zu vage. Schreiben Sie stattdessen: »Barbara muss sich entscheiden, ob sie die Stelle in der Bank annehmen will. Sie hofft, dadurch ihr Leben zu verändern, läuft aber auch Gefahr, ihren Freund Jim zu verlieren, wenn sie ihren Bürojob aufgibt.« Dadurch wird die

Bedeutung der Entscheidung deutlicher. Bitte lesen Sie erst weiter, wenn Sie Ihre Karten sorgfältig ausgefüllt haben. Wer weiß, vielleicht können Sie die eine oder andere Idee in Ihrer Kurzgeschichte unterbringen!

Erkenntnisgeschichten

In einer Erkenntnisgeschichte lässt sich die Hauptfigur treiben, sie befindet sich in einer Art Schwebezustand und hat kein klares Ziel vor Augen. Schließlich entdeckt sie, dass sie doch die Kraft aufbringt, ihr Leben grundlegend zu verändern.

Diese Art von Geschichte ist oft sehr subtil und beschaulich. Mehr als bei den anderen Kategorien kommt es hier auf Stil, Atmosphäre und Andeutungen an. Manchmal passiert im Ergebnis nichts Bedeutenderes, als dass ein Blatt vom Baum fällt. Es ist eine Kunst, eine solche Geschichte zu schreiben, mit feinen Pinselstrichen intensive Gefühle zu skizzieren.

In einer solchen Geschichte gibt es keinen starken Gegenspieler, denn wogegen sollte er oder sie ankämpfen? Es gibt jedoch häufig eine Figur, die die Hauptfigur verunsichert oder traurig macht und auch bei den Lesern Unbehagen auslöst.

Vor allem Kurzgeschichten dieses Typs wirken oft sehr realistisch, weil sie unstrukturiert erscheinen und – genau wie im richtigen Leben – auf zufällig eintretenden Ereignissen beruhen. Bei einem Meistererzähler wie Saul Bellow beispielsweise merken wir nicht, wie sorgfältig ausgearbeitet seine scheinbar dahinplätschernde Geschichte doch ist. Sie hat durchaus ein zentrales Thema und ist von Anfang an durchstrukturiert.

Eine solche Geschichte dreht sich fast ausschließlich um die Gefühls- und Gedankenwelt der Hauptfigur. Bei ihrer Planung sollten Sie sich zuerst um die »Erkenntnis« Gedanken machen, zu der die Hauptfigur am Ende gelangt, was sie für sie bedeutet und inwiefern sie ihr Leben von Grund auf verändert. Dann könnten

5. Die Art der Geschichte

Sie sich überlegen, worin das Problem der Hauptfigur besteht, das sie während der ganzen Geschichte begleitet und beschäftigt und ein diffuses Unwohlsein bewirkt. Fassen wir die drei Arten von Geschichten noch einmal zusammen:

- Die Konfliktgeschichte ist die Schilderung eines zielgerichteten Kampfs.
- Die Entscheidungsgeschichte ist die Schilderung einer quälenden Suche.
- Die Erkenntnisgeschichte ist die Schilderung eines blind umherirrenden Wanderers, der irgendwann zu einer Erkenntnis gelangt, die sein Leben von Grund auf verändert.

Zusätzliche Aufgaben

Bevor Sie weiterlesen, sollten Sie sich mit folgenden Aufgaben befassen.

Nehmen Sie sich zunächst fünf Ihrer eigenen Kurzgeschichten vor, lesen Sie sie sorgfältig durch und überlegen Sie, in welche der drei Kategorien sie passen könnten. Füllen Sie für jede Geschichte eine Karteikarte aus. Notieren Sie darauf den Titel, die Art der Geschichte und eventuelle Erzähl- oder andere Schwächen. Wahrscheinlich stellen Sie fest, dass sich Ihre Geschichten mehreren Kategorien zuordnen lassen, dass sich sogar in ein und derselben Geschichte Elemente verschiedener Kategorien finden lassen. So kann es durchaus sein, dass eine Ihrer Konfliktgeschichten aber am Ende, als Teil des Höhepunkts, in einer wichtigen Erkenntnis mündet.

Sie werden trotz allem ein Muster entdecken, das all Ihren Geschichten zu Grunde liegt und das entweder Ihren unbewussten Vorstellungen entspricht, wie eine gute Kurzgeschichte beschaffen sein sollte, oder einfach ein Ausdruck Ihrer Erzählweise mitsamt aller Stärken und Schwächen ist.

5. Die Art der Geschichte

Wenn Sie feststellen, dass Sie bislang – aus welchem Grund auch immer – eine bestimmte Art von Geschichte bevorzugten, sollten Sie sich, allein um herauszufinden, wie sich das anlässt, einmal in einem anderen Typ versuchen. Auch wenn Sie glauben, dass Ihre Art der Kurzgeschichte am ehesten Ihren Fähigkeiten entspricht, sollten Sie sich fragen, ob Sie dabei bleiben oder Ihr Betätigungsfeld erweitern wollen.

Möglicherweise haben Sie hauptsächlich Erkenntnisgeschichten geschrieben. Liegt Ihnen dieser Typ wirklich am meisten? Hätten Sie nicht auch Lust, einmal einen spritzigen Dialog zu verfassen oder eine Actionszene zu schreiben? Wenn ja, sollten Sie es vielleicht einmal mit einer Konfliktgeschichte versuchen.

Wenn Sie dagegen nur Konfliktgeschichten verfasst haben und etwas enttäuscht darüber sind, dass es Ihnen nicht gelingt, Ihre Figuren in einen aktiven Handlungsablauf zu verwickeln, sollten Sie sich vielleicht beim nächsten Mal an einer Entscheidungsgeschichte versuchen. Möglicherweise entdecken Sie Talente an sich, mit denen Sie gar nicht gerechnet haben.

Ganz gleich welche Tendenzen oder Vorlieben Sie an sich festgestellt haben, jetzt ist der Zeitpunkt gekommen für einen neuen Eintrag in Ihr Journal. Versuchen Sie, so präzise wie möglich Ihre Vorliebe für einen bestimmten Typ von Kurzgeschichte darzulegen. Überlegen Sie, ob Sie nicht einmal etwas Neues ausprobieren wollen. Vergleichen Sie Ihre neueren Arbeiten mit früheren. Eine solche Selbstanalyse birgt die Chance, die Stärken und Schwächen Ihrer bisherigen Arbeit zu entdecken.

Gehen Sie noch einen Schritt weiter. Nehmen Sie sich ein paar Kurzgeschichten vor, die Ihnen besonders gut gefallen. Ordnen Sie sie den drei Kategorien Konflikt, Entscheidung oder Erkenntnis zu. Wahrscheinlich ist keine eindeutige Zuordnung möglich. Dann sollten Sie sich fragen, welcher Typ überwiegt bzw. welche Bezeichnung Sie wählen würden, wenn Sie gezwungen wären, eine Entscheidung zu treffen.

Welche Figur passt zu welcher Art von Geschichte?

Ein Tipp: Oft ist es leichter, eine Geschichte einzuordnen, indem man den Protagonisten oder die Protagonistin analysiert. Die Erfahrung hat gezeigt, dass sich für jede Geschichte ein bestimmter Typ von Held oder Heldin eignet.

Verallgemeinerungen sind immer gefährlich; trotzdem wage ich folgende Aussagen:

Eine Konfliktgeschichte erfordert eine aktive Figur als ProtagonistIn. In einer solchen Geschichte muss etwas passieren; es muss ein Schlagabtausch mit dem Antagonisten stattfinden. Eine verträumte, introvertierte, ängstliche Heldin wäre hier fehl am Platz. Sie sollten eine Figur kreieren, die bereit ist, für ihre Ziele zu kämpfen, weil ihr Glück davon abhängt.

Anders gesagt: Wenn Sie über eine aktive Figur, die weiß, was sie will, schreiben wollen, werden Sie zwangsläufig eine Konfliktgeschichte wählen. In einer handlungsarmen Geschichte würde Ihr Held seiner eigenen Ungeduld zum Opfer fallen bzw. gegen seine Untätigkeit aufbegehren und Ihren geplanten Handlungsablauf boykottieren.

Eine Entscheidungsgeschichte hingegen funktioniert nicht mit einer tatkräftigen Figur. Hier brauchen Sie eine nachdenkliche, gelassene Heldin, die keine genaue Vorstellung von ihrem eigenen Glück hat. Solch eine Figur ist oft intelligent, sensibel, problembewusst, tut sich aber schwer mit der befreienden Lösung.

In einer Erkenntnisgeschichte ist Ihre Hauptfigur sogar noch untätiger und orientierungsloser, als es die Protagonisten der beiden anderen Arten der Kurzgeschichte sind. Sie ist noch in sich gekehrter, empfindsamer und von ihren Gefühlen zerrissen, weil sie auch mehr Zeit hat, sich diesen Qualen hinzugeben. Diese Figur zeichnet aus, dass sie sich ihrer Suche nach etwas, das ihr Leben von Grund auf verändern wird, bewusst ist. Am Ende erlebt sie etwas, das diese Veränderung bewirkt, das aber so unscheinbar wie das Fallen eines Blatts sein kann. Auf jeden Fall muss diese Figur ein hohes Maß an Sensibilität aufweisen, damit sie die Bedeutung ihrer »Erkenntnis« erkennen kann.

Trotz aller Unterschiede haben alle drei Arten von Protagonisten etwas gemeinsam: die Hartnäckigkeit und Entschlossenheit, mit der sie ihre Probleme angehen. Keiner gibt auf, da sie alle wissen, dass das Ergebnis ihrer Bemühungen und damit der Ausgang der Geschichte für ihren inneren Frieden, ihre Selbstachtung oder ihr Glück ausschlaggebend ist.

Bei der Analyse Ihrer Prosa sollten Sie sich immer fragen, ob Sie Ihren Lesern glaubhaft vermitteln konnten, dass das dramatische Geschehen auf den jeweiligen Persönlichkeitstyp Ihres Helden oder Ihrer Heldin zugeschnitten ist. Wenn nicht, bleibt es Ihnen nicht erspart, Ihren Text von Grund auf zu überarbeiten.

Bereiten Sie Ihre Auswahl vor

Inzwischen verfügen Sie über genügend Kriterien, um eine Kurzgeschichtenkategorie auszuwählen und Ihre Figuren entsprechend anzulegen. Natürlich können Sie auch den umgekehrten Weg nehmen: mit den Figuren beginnen und danach den entsprechenden Kurzgeschichtentyp aussuchen.

Um ganz sicherzugehen, sollten Sie aber doch auf Ihre Karten zurückgreifen. Widmen Sie sich zunächst den Konfliktgeschichten und legen Sie mindestens zehn »Zielkarten« an. Notieren Sie auf jeder Karte den Namen einer vorstellbaren Hauptfigur. Darunter vermerken Sie einige Ziele, wofür Ihre Hauptfigur zu kämpfen bereit wäre. Diese Ziele können materieller Natur sein, wie beispielsweise ein neues Auto, ein besserer Job, ein Sack Gold. Oder idealler Art wie Selbstachtung oder die Anerkennung durch die Nachbarn.

Vergessen Sie bitte nicht, das vorrangige Ziel zu benennen, über das es zum Konflikt kommt. Zum Schluss skizzieren Sie bitte in etwa zehn Worten, warum die Hauptfigur dieses Ziel unbedingt erreichen will. Drehen Sie nun bitte die Karten um. Auf die Rückseite schreiben Sie den Namen des jeweiligen Konfliktantagonisten. Darunter notieren Sie in zehn Worten, warum er oder sie sich dem Protagonisten entgegenstellt.

Nachdem Sie diese Karten beschriftet haben, können Sie zum nächsten Punkt übergehen: Füllen Sie bitte zehn weitere Karten für Entscheidungsgeschichten aus. Schreiben Sie auf die Vorderseite den Namen der Hauptfigur, die Art der Entscheidung, die ihr bevorsteht, und die Bedeutung, die dieser für ihr zukünftiges Leben zukommt.

Auf der Rückseite notieren Sie bitte, warum diese Entscheidung so schwierig ist. Der Grund kann eine weitere Figur sein, beispielsweise der traditionell dominante Ehemann, der vehement dagegen ist, dass seine Frau ihre eigene Anwaltskanzlei eröffnet. Oder vielleicht ist es die Erinnerung an eine frühere Entscheidung, die aus Angst vor einer ungewissen Zukunft nicht getroffen wurde.

Zum Schluss füllen Sie bitte noch zehn Karten für Erkenntnisgeschichten aus. Auf die Vorderseite schreiben Sie wiederum den Namen der Hauptfigur. Versuchen Sie dann, das persönliche Leid oder Problem des Protagonisten darzustellen. Was macht ihm oder ihr das Leben so schwer? Auf der Rückseite vermerken Sie in wenigen Worten die kaum merkliche Veränderung, die eintritt und der Hauptfigur neuen Mut macht.

Zwar ist das Beschriften von Karten zeitaufwändig und zuweilen mühsam, aber es lohnt sich. Nehmen Sie sich genügend Zeit, um die gestellten Aufgaben in Ruhe zu erledigen.

Was Ihnen diese Karten nützen

Sie werden vermutlich feststellen, dass Ihnen Kartennotizen zu dem einen oder anderen Geschichtentyp leichter von der Hand gehen. Diese Erkenntnis hilft Ihnen, die für Sie geeignete Art von Kurzprosa zu entdecken.

Außerdem verfügen Sie mit Ihren dreißig ausgefüllten Karteikarten über dreißig potenzielle Kurzgeschichten. Vielleicht stellen Sie einmal fest, dass Sie alle dreißig Ideen verwertet haben.

Bei dieser Aufgabenstellung haben Sie sowohl Ihre Fantasie – also Ihre rechte Gehirnhälfte – als auch Ihren Verstand – also Ihre linke Gehirnhälfte trainiert. Allein das ist schon den ganzen Aufwand wert. Manchmal kommen uns die besten Ideen, wenn wir gerade mit etwas anderem beschäftigt sind und nicht krampfhaft über einer bestimmten Sache brüten. Indem Sie logisch und analytisch die oben gestellte Aufgabe bewältigten, haben Sie möglicherweise Ihrer Vorstellungskraft unbewusst freien Lauf gelassen.

Manchmal haben wir gerade dann einen Geistesblitz, wenn wir uns auf den Verkehr konzentrieren, den Rasen mähen oder einen Kuchen backen. Während unser Geist, der analytische Teil unseres Gehirns, beschäftigt ist, entfaltet sich oft unsere kreative Seite. Warum das so ist, ist nach wie vor ein Rätsel. Aber die Hauptsache ist doch, dass es funktioniert!

Zusammenfassung

Es gibt drei Hauptarten von Geschichten: Konfliktgeschichten, Entscheidungsgeschichten und Erkenntnisgeschichten. Jede von ihnen erfordert einen anderen Typ von Hauptfigur. Sie sollten wissen, welche Geschichten Ihnen am meisten liegen, aber trotzdem Karteikarten zu allen drei Kategorien anlegen.

Sie sollten dreißig Karten ausgefüllt haben, bevor Sie weiterlesen. Auch wenn dies Zeit kostet, so sollten Sie nicht vergessen, dass die eine oder andere eine potenzielle Geschichte ergeben kann.

6
Aussehen und Sprache der Figuren

Zur Kontrolle:

✓ Sind alle Ihre Karteikarten und Notizen auf dem neuesten Stand?
✓ Denken Sie weiter über die Art von Geschichte nach, die Ihnen am meisten zusagt? Und vergessen Sie bitte nicht die dazu passenden Figuren!

In diesem Kapitel wollen wir in unserem Arbeitsplan zum Schreiben guter Kurzgeschichten zwei weitere Schritte vorankommen. Zunächst geht es uns darum, mit welchen Methoden sich das Aussehen Ihrer Figuren beschreiben lässt; und dann sehen wir uns an, wie Menschen im Alltagsleben reden – und wie also Ihre Figuren reden müssen, damit sie glaubhaft wirken.

Wie sehen Ihre Figuren aus?

Diese Frage mag Sie verwundern; immerhin haben wir schon darüber gesprochen, wie man Charaktereigenschaften mit Hilfe von äußeren Erkennungsmerkmalen darstellt. Aber es gibt auch körperliche Attribute, die nichts über die Persönlichkeit einer Figur aussagen. Beispielsweise soll Ihre Hauptfigur groß und schlank sein. Oder Ihr Held hat einen leichten Gehfehler. Oder Ihre Heldin soll dunkles Haar haben. Keines dieser äußeren Merkmale bezieht sich auf einen Wesenszug. Trotzdem sollten Sie solche Hinweise einfügen, damit Ihre LeserInnen sich die Figuren besser vorstellen bzw. sie wieder erkennen können.

6. Aussehen und Sprache der Figuren

Aber beherzigen Sie dabei immer den Grundsatz, dass das Wesen der modernen Kurzgeschichte nun einmal ihre Kürze ist. Verzichten Sie also auf wortreiche Beschreibungen, skizzieren Sie Ihre Figur so prägnant wie möglich. Als Faustregel gilt: Jede Charakterisierung einer Figur, die über zwei Sätze hinausgeht, ist zu lang!

Das mag hart klingen. Möglicherweise fällt es Ihnen schwer, sich auf zwei Sätze zu beschränken, aber zur Not können Sie zu einem späteren Zeitpunkt in der Geschichte noch das eine oder andere einflechten.

Die Kunst – und Schwierigkeit – für einen Autor besteht also darin, sich für ein oder zwei aussagekräftige Details zu entscheiden, um die Vorstellungskraft der Leser anzuregen. Die wollen ohnehin kein komplettes Porträt, weil sonst ihre Fantasie beschäftigungslos bleiben würde.

Wie gelingt Ihnen das? Eine gute Übung ist das Studium der Menschen in Ihrer Umgebung. Schauen Sie sich Ihre Freunde und Familie sowie die Leute in der U-Bahn oder im Büro genau an und fragen Sie sich, wie diese zu beschreiben wären, wenn Sie sie in einer Ihrer Geschichten auftreten lassen würden und Ihnen nur 20 bis 30 Wörter zur Verfügung stünden.

Überlegen Sie, was die Wirkung einer Person ausmacht. Ist es ihre Steifheit oder ihre Fülligkeit? Ihr forscher Schritt oder ihre eigenwillige Frisur? Ihre blasse Haut oder ihre Bräune? Sind ihre Augen auffällig oder ist es ihr leuchtend rotes Haar?

Haben Sie stets ein paar Karteikarten dabei! Dadurch zwingen Sie sich, genau zu beobachten. Wenn Sie eine bestimmte Person studiert haben, sollten Sie so schnell wie möglich eine Karte mit ihrem Namen anlegen und darauf ihre äußere Erscheinung in 20 bis 30 Wörtern festhalten. Bei manchen Menschen ist das relativ leicht, bei anderen schwieriger. Beide Typen sind wichtig für Ihre Sammlung.

Bei mir um die Ecke wohnt der Nachrichtensprecher eines

6. Aussehen und Sprache der Figuren

lokalen TV-Senders, dessen Schneidezähne einen extrem langen Eindruck machen. Wahrscheinlich hat er Parodontose, aber wenn ich ihn in einer Geschichte verwenden wollte, würde ich lediglich sein Pferdegebiss erwähnen. Und dann gibt es auch Leute, die so unscheinbar sind, dass Sie sie immer wieder verstohlen mustern müssen, bis Ihnen endlich doch noch irgendein Detail auffällt, das sich beschreiben lässt.

Vielleicht hilft es Ihnen, wenn Sie sich vor Augen führen, dass das Erscheinungsbild eines Menschen nicht nur von seinen körperlichen Merkmalen geprägt wird. Vielleicht haben Sie eine Tante, die Sie beschreiben wollen, eine ruhige, zurückhaltende, unauffällige Frau, die immer die Hände im Schoß gefaltet hat, wenn sie dasitzt und ganz in ihre eigenen Gedanken vertieft ist. Die gefalteten Hände könnten genau das Detail sein, nach dem Sie gesucht haben, damit Ihre Figur für Ihre Leser lebendig wird.

Wahrscheinlich finden Sie es lästig, immer Karteikarten mit sich herumzutragen, aber Sie werden überrascht sein, wie schnell dadurch Ihre Wahrnehmung geschärft wird und Sie Dinge an Menschen feststellen, die Ihnen früher nie aufgefallen wären. Abgesehen davon, dass Sie persönlich davon profitieren, werden Sie auch im Nu einen Fundus für potenzielle Figuren angelegt haben.

Wir werden später noch weitere Möglichkeiten der Charakterisierung kennen lernen; aber für den Moment genügt es, dass Sie mit offenen Augen durch die Welt gehen und auf Karteikarten Ihre Beobachtungen festhalten.

Sie sollten in Ihrem Karteikasten eine Unterkategorie unter »Figuren«, beispielsweise »reale Personen«, einrichten. Ganz gleich, wie Sie sie nennen, wichtig ist, dass Ihr Schatz an Karteikarten immer mehr zunimmt!

Die eine oder andere Karte werden Sie vielleicht erst Monate oder Jahre später einsetzen; aber seien Sie gewiss: Sie haben Ihre Zeit nicht vertan!

Selbstverständlich können Sie auch reale Personen in einer Kurzgeschichte unterbringen; in der Regel modellieren Sie jedoch Ihre Figur nach mehreren Personen, die Sie kennen, damit sie lebendiger als ihre lebenden Vorbilder ist. Vielleicht hilft Ihnen die Beobachtung der Personen in Ihrem Umfeld auch, endlich die imaginäre Person, die Sie die ganze Zeit schon im Geist mit sich herumtrugen, zu beschreiben.

Gewöhnen Sie sich daran, solche »Erscheinungskarten« auszufüllen. Vermerken Sie regelmäßig in Ihrem Kalender, wie viele Karten Sie in der vergangenen Woche angelegt haben. Das zwingt Sie, diese Gewohnheit nicht zu vernachlässigen. Glauben Sie mir, nur durch ein gewisses Maß an Disziplin lernen Sie, Personen treffend zu beschreiben. Da Sie niemand kontrolliert, liegt es bei Ihnen, konsequent zu sein.

Wie sprechen Ihre Hauptfiguren?

Auf keinen Fall drücken sie sich weitschweifig aus.

Langatmige Monologe oder Vorträge sind in der modernen Kurzprosa verpönt. Wenn eine Figur etwas sagt, dann meist in einem Dialog. Und obwohl eine Unterhaltung im wirklichen Leben oft vom Thema abschweift und ausufert, wirken Dialoge in Kurzgeschichten nur dann authentisch, wenn sie auf ein Minimum reduziert wurden.

Insofern unterscheiden sich reale Gespräche und erfundene Dialoge erheblich voneinander. Nehmen wir ein Beispiel: Ihr Freund sagt in einer realen Situation Folgendes zu Ihnen:

»Eigentlich wollte ich heute Golf spielen, aber es ist viel zu windig, was mir tierisch stinkt, weil es im Wetterbericht hieß, dass es heute windstill sein würde, aber vielleicht hast du ja Lust, mit mir irgendwo was zu Mittag zu essen und dann ein bisschen rumzulaufen, in einen Videoladen oder so? Wir könnten uns auch in ein Café setzen und ein paar Tussis anmachen.«

6. Aussehen und Sprache der Figuren

Diese Rede könnten Sie auf einer Karteikarte festhalten; wenn Sie sie später verwenden, würde sie jedoch eher so aussehen:

»Zu windig für Golf. Der Wetterheini hat wieder mal Mist erzählt, und das stinkt mir gehörig. Wie wär's, sollen wir was essen gehen, ein bisschen rumlaufen und ein paar Tussis anmachen?«

Bei diesem Beispiel sind die farbigsten Ausdrücke: »das stinkt mir« und »Tussis«.

Vielleicht fällt Ihnen nicht ein, wie Sie die Rede Ihres Freundes treffend und kurz wiedergeben könnten, ohne den Handlungsablauf zu unterbrechen. Vielleicht standen Sie nur gelangweilt da, während er vor sich hin redete. Dann sollten Sie einen Schritt weitergehen und seinen Monolog aufbrechen, indem Sie Kommentare eines imaginären Gesprächspartners einfügen:

»Zu windig für Golf«, sagte Richard.
»Laut Wetterbericht sollte es eigentlich schön werden«, erwiderte ich.
»Ja, aber der Kerl hat eben Unsinn erzählt.«
»Wirklich doof. Ich weiß ja, wie gern du am Wochenende rausfährst.«
»Stinkt mir gehörig.« Richard seufzte.
»Vielleicht könnten wir was anderes machen.«
Er dachte einen Moment nach und grinste dann.
»Klar, wir gehen was essen, laufen ein bisschen rum und machen ein paar Tussis an.«

So könnte ein moderner Dialog aussehen. Es ist zwar kein besonders gelungenes Beispiel, aber es erfüllt seinen Zweck. Ein Leser überfliegt eine solche Dialogszene, und obwohl sie mehr Platz einnimmt als ein Monolog, wirkt sie nicht langatmig.

Fassen wir noch einmal zusammen: Zunächst beobachten Sie die Menschen in Ihrer Umgebung und legen Karteikarten mit ihren Aussagen an. Dann kürzen Sie diese und peppen sie etwas auf. Gelegentlich ist es nötig, diese durch Kommentare, Unterbrechungen oder Fragen einer anderen Figur aufzubrechen.

Diese Karten sollten Sie der Unterkategorie »Dialogkarten« zuordnen.

Redeweisen, die Sie vermeiden sollten

In dem Streben nach einem realistischen Dialog verlieren manche Autoren die Kontrolle über ihr Material und werden ausschweifend bzw. vergessen, dass realistische Dialoge zwar auf realen basieren, aber nicht mit diesen identisch sind.

Ein gutes Beispiel dazu bietet uns das weite Feld der Grammatik und Syntax. Auch wenn in der gesprochenen Sprache Endungen und Silben verschluckt werden (Beispiel: haben – ham, nicht – nich), so sollten Sie das entsprechende Wort korrekt wiedergeben.

Sonst ziehen Sie die Aufmerksamkeit der Leser auf die fehlerhafte Schreibweise des Dialogs und lenken sie vom eigentlichen Geschehen ab. Die Leser konzentrieren sich auf die ungelenke Sprache einer Figur und achten weniger auf den Inhalt des Gesagten.

Sie könnten auch leicht missverstanden werden. Manche Leser werden daraus schließen, dass Sie sich über eine Figur lustig machen oder sie der Lächerlichkeit preisgeben wollen. Das ist häufig der Fall, wenn ein Autor einen Dialekt oder einen ausländischen Akzent nachahmt. So etwas geht meistens schief. Es kann sogar passieren, dass Sie sich den Vorwurf gefallen lassen müssen, überheblich zu sein oder Vorurteile zu haben.

Wenn Sie eine Figur auftreten lassen wollen, die Wörter verwechselt oder falsch ausspricht, sollten Sie für ihre Charakterisierung höchstens ein oder zwei unerhebliche Schnitzer einbauen. Dadurch gewinnt die Aussage an Lebendigkeit, ohne dass Sie in den Verdacht der Arroganz geraten können.

Wie bereits gesagt, wiederholen sich reale Personen, sie schweifen ab, verlieren den Faden und verzetteln sich. Dieses Sprachverhalten können Sie in Ihren Dialogen bestenfalls nur andeuten. Die Kunst besteht darin, es so kurz und prägnant wie möglich zu machen. Wenn Sie beispielsweise deutlich machen wollen, dass eine bestimmte Figur in Ihrer Geschichte sich gerne reden hört, legen Sie ihr bei ihrem ersten Auftritt eine Rede von fünf bis sechs Zeilen in den Mund; diese wirken dann wie ein drei- bis vierminütiger Vortrag im wirklichen Leben und vermitteln den Lesern einen Eindruck von der Persönlichkeit dieser Figur.

Der Missbrauch von Dialogen

Und noch etwas sollten Sie in diesem Zusammenhang beachten: Setzen Sie einen Dialog nicht aus reiner Bequemlichkeit ein!

Damit meine ich, dass eine Figur nicht dazu missbraucht werden sollte, den Lesern Fakten mitzuteilen. Auch sollten Sie ihr keine Beschreibungen in den Mund legen. Dies sind Aufgaben des Erzählers.

Wir alle kennen missglückte Dialoge, bei denen die AutorIn statt eines realistischen Gesprächs lediglich Ausrufe und Beschreibungen in Anführungszeichen setzte und als Unterhaltung zwischen zwei Personen »verkaufte«. »Hallo, Michael! Na so was! Der dunkle Anzug, den du trägst, steht dir aber gut! Und du hast ja auch ein bisschen Farbe gekriegt! Liegt das an deinem neuen Fitnessprogramm, von dem du mir letzte Woche erzählt hast? Du weißt schon, das mit den tollen Mitgliedsbedingungen.«

Ein weiterer, etwas subtilerer Missbrauch eines Dialogs besteht darin, die Gefühle einer Figur offen zur Schau zu stellen. Keine reale Person würde auf entfernte Bekannte zugehen und ihnen ihr Herz ausschütten. Als Faustregel gilt vielmehr: Nur im äußersten Notfall und in einer besonders angespannten emotionalen Situation sollte eine Figur ihre innersten Gefühle einem praktisch Fremden offenbaren. Sonst wird sie für die Leser unglaubwürdig.

Wenn Sie merken, dass Sie zu einem solchen Dialog greifen, weil Ihnen keine Handlung einfallen will, die eine gefühlsmäßige Offenbarung erlauben würde, sollten Sie Ihren Lesern lieber einen Einblick in die Psyche dieser Figur gewähren, sei es durch Selbstbeobachtung oder eine direkte, aber kurze Aussage, die ihre momentane Gefühlslage auf den Punkt bringt.

Direkte Beschreibungen von Emotionen sind bedenklich, weil sie leicht ausufern und kitschig wirken. Sie müssen entscheiden, ob sie für das Verständnis des Textes unbedingt notwendig sind. Auf jeden Fall sollten sie knapp, lebendig und unsentimental sein.

Wenn Sie in den Werken anderer AutorInnen missbrauchte Dialoge finden, sollten Sie sich diese in Ihrem Journal notieren und sie übungshalber in eine überzeugendere Form bringen.

Zusammenfassung

Es ist äußerst wichtig, wie die Figuren in Ihrer Geschichte aussehen und reden. Beobachten Sie die Menschen in Ihrer Umgebung. Erfassen Sie reale Situationen. Haben Sie immer ein paar Karteikarten zur Hand, um Ihre Eindrücke zu notieren, so lange sie noch frisch sind.

Beschreibungen äußerer Attribute sollten so knapp wie möglich ausfallen. Wählen Sie kurze, lebendige, aussagekräftige Begriffe, um das Aussehen einer Figur darzustellen. Der Leser bzw. die Leserin kann sich dann selbst ein Bild machen.

Das gilt auch für Dialoge. Lassen Sie sich von realen Gesprächen inspirieren, aber machen Sie daraus knappe und eben dadurch erst zutreffende Wortwechsel.

Ihr Kartenvorrat an Beschreibungen realer Personen und Redeweisen sollte täglich wachsen. Ihre geschärfte Beobachtungsgabe wird Ihrer schriftstellerischen Arbeit zugute kommen; und das gesammelte Material wird Sie mit zahlreichen Figuren für potenzielle Geschichten versorgen.

7
Der Schauplatz der Geschichte

Zur Kontrolle:

✓ Inzwischen sollte Ihr Karteikasten mehrere Dutzend Karten in fünf bis acht verschiedenen Kategorien und Unterkategorien aufweisen.
✓ Sie sollten Ihren Bestand regelmäßig erweitern und pflegen, damit Ihr Material für zukünftige Kurzgeschichten stetig zunimmt.

Da sich inzwischen gewiss Ihre Vorlieben für einen bestimmten Kurzgeschichtentyp herauskristallisiert haben und Sie über genügend Ideen und Material verfügen, wird es Zeit, ein paar wichtige Entscheidungen zu treffen, bevor Sie die beste Geschichte, die Sie je geschrieben haben, in Angriff nehmen.

Zunächst sollten Sie sich entscheiden, an welchem Ort Ihre Geschichte spielen soll. Nehmen Sie bitte einen Stapel Karteikarten zur Hand und widmen Sie sich folgender Aufgabe:

Auf Karte Nummer eins notieren Sie die allgemeine geografische Lage – beispielsweise die USA oder Europa –, dann eine genauere Ortsangabe, ein Land, eine Provinz, eine Region oder auch eine Stadt oder Kleinstadt, und schließlich die unmittelbare Umgebung bzw. das Viertel.

Auf Karte Nummer zwei vermerken Sie in Stichpunkten, was Sie über diesen Ort wissen. Was ist das Spezifische dieses Ortes? Ist er gebirgig oder eher flach? Liegt er in der Nähe eines Flusses, Sees oder am Meer? Ist es dort laut oder ruhig? Wenn dort Bäume wachsen, wie sehen diese aus? Ist die Gemeinde oder das

Stadtviertel reich oder arm? Welche weiteren hervorstechenden Merkmale fallen Ihnen dazu ein?

Auf Karte Nummer drei sollten Sie die Empfindung, die dieser Ort hervorruft, beschreiben. Scheint die Sonne und weckt sie die Lebensgeister? Oder regnet es, und die Stimmung ist eher gedrückt? Wenn es dort Berge gibt, wirken diese majestätisch oder eher bedrohlich?

Auf Karte Nummer vier sollten Sie erläutern, inwiefern Ihre Hauptfiguren durch ihre Umgebung geprägt wurden oder ob sie sich eher als Außenstehende fühlen.

Auf Karte Nummer fünf notieren Sie alles, was Ihnen zu diesem Ort noch einfällt und was Sie noch recherchieren müssen.

Auf Karte Nummer sechs schreiben Sie das Ergebnis dieser kurzen Analyse. Passen Figuren und Ort der Handlung zusammen? Benötigen Sie noch weitere Fakten?

In Ihrem Journal sollten Sie Ihre Erkenntnisse bezüglich der Bedeutung eines Schauplatzes für die Geschichte und ihre Figuren notieren – oder auch andere Anregungen, die Ihnen diese kleine Übung vermittelt.

Die Bedeutung des Schauplatzes

Ein Schauplatz muss vor den Augen Ihrer Leser lebendig werden, damit Ihre Geschichte funktioniert. Um glaubhaft zu sein, muss Ihre Geschichte die Leser in eine Welt entführen, die sie sich bildhaft vorstellen können. Gelingt Ihnen das, so werden Ihre Leser auch alles andere akzeptieren, was Sie ihnen präsentieren.

Leider behandeln viele Autoren den Schauplatz einer Handlung sehr stiefmütterlich, betrachten ihn als nebensächlich und halten sich nicht mit Recherchen dazu auf. Merken Sie sich bitte: Wenn eine Geschichte überzeugen soll, muss eine AutorIn mit ihrem Hintergrund vertraut sein! Aber die Wahl eines bestimmten Hintergrunds ist auch deshalb wichtig, weil er sich auf die

Figuren Ihrer Geschichte und damit auch auf deren Probleme und Einstellungen auswirkt.

In einer Geschichte, die im Wilden Westen angesiedelt ist, wäre beispielsweise ein Teenager, der in einem städtischen Milieu aufgewachsen ist und dessen Wertesystem verinnerlicht hat, völlig fehl am Platz. Hier erwarten die Leser Figuren, die die Werte des amerikanischen Gründungsmythos verkörpern: Unabhängigkeit, grenzenloser Optimismus und leider oft genug auch der Glaube an die natürliche Überlegenheit des weißen Mannes, aus der eine rassistische Haltung gegenüber den Indianern resultiert. Wenn Sie jedoch als Schauplatz eine Intensivstation wählen, wird es Ihnen kaum gelingen, darin einen kraftstrotzenden Abenteurer auftreten zu lassen. Die Stimmung, die Sie hier anklingen lassen müssen, dürfte zwangsläufig eher gedrückt sein.

Nehmen Sie sich jetzt ein paar Minuten Zeit und denken Sie über den Schauplatz nach. Folgende Fragenliste – die Sie natürlich beliebig erweitern können – wird Ihnen dabei helfen:

1. Ist der Schauplatz Ihrer Handlung überzeugend, oder sollten Sie das Geschehen nicht besser doch woanders ansiedeln?
2. Sind Ihre Figuren wirklich authentisch, d.h. spiegeln sie die Umgebung, in der sie aufgewachsen sind, wider? Oder würden sie eher in eine andere Umgebung passen?
3. Haben Sie den Schauplatz gründlich recherchiert, um nicht in das Fettnäpfchen offenkundig falscher Schilderungen zu treten?

Gewiss fallen Ihnen noch weitere Fragen ein. Notieren Sie Ihre Beobachtungen bitte in Ihrem Journal!

Die Wahl des Schauplatzes

Grundsätzlich haben Sie drei Möglichkeiten für die Auswahl des Schauplatzes: Sie können über einen Ort schreiben, den Sie gut

7. Der Schauplatz der Geschichte

kennen – wie beispielsweise Ihre Heimatstadt, Ihren Arbeitsplatz, ein Ferienziel –, oder über einen fiktiven Ort, den Sie sich in allen Belangen ausgemalt haben, oder auch über einen realen, wenngleich Ihnen unbekannten Ort, den Sie erst noch recherchieren müssen.

Vermutlich glauben Sie, dass ein Ihnen bekannter Ort weniger Arbeit erfordert. Was die äußeren Gegebenheiten angeht, so haben Sie Recht. Trotzdem sollten Sie sich, bevor Sie sich entscheiden, etwas Zeit nehmen und folgende Fragen beantworten:

1. Wie sieht die Verwaltung dieses Ortes aus? Gibt es einen Bürgermeister? Eine Gemeindeverwaltung? Ein Stadtparlament? Wie lautet die korrekte Bezeichnung? Wenn Sie über Ihren Arbeitsplatz schreiben: Wie lautet der offizielle Titel des Chefs des Unternehmens? Ist die Firma eine GmbH oder eine Aktiengesellschaft?
2. Wie groß ist die Stadt, in der Ihre Geschichte spielt?
3. Ist sie typisch für die Gegend oder eher untypisch, eine Universitätsstadt oder eine Industriestadt?
4. Über welche demografischen Daten verfügen Sie? Wie hoch ist die Einwohnerzahl, das durchschnittliche Einkommen etc.?
5. Was ist das Wahrzeichen dieser Gegend?
6. Falls Sie sich für ein Büro entscheiden: Wie ist die Stimmung unter den MitarbeiterInnen? Sind sie zufrieden? Angespannt? Gibt es Probleme?
7. Wenn Sie ein paar Zeilen über die Atmosphäre dieses Ortes schreiben müssten, wie würden diese lauten?
8. Welche Besonderheiten böten sich an, um den Ort zu charakterisieren? Die alten Häuser, die von düsteren, unheilvollen Ulmen überragt werden? Oder die glücklichen Gesichter der Kinder, die gerade von der Schule nach Hause kommen? Kommt Ihnen als Ausdruck für die allgemeine Stimmung eher ein sonniger oder ein regnerischer Tag angemessen vor?

9. Versuchen Sie einen Abschnitt über diesen Ort mit den Augen eines Liebhabers der Gegend zu schreiben.
10. Und nun schreiben Sie ein paar Zeilen aus der Sicht eines vehementen Kritikers.

Diese Liste ist keineswegs vollständig; sie soll Sie zum Nachdenken über Details anregen, über die Sie sich vielleicht noch keine Gedanken gemacht haben.

Die folgenden Aufgaben müssen Sie nicht unbedingt absolvieren; entscheiden Sie selbst, ob sie für Sie wichtig sind. Denn wenn Sie festgestellt haben, dass Sie nicht genug über den Schauplatz Ihrer Geschichte wissen, sollten Sie sich zunächst einmal fragen, ob Ihr Typ einer Kurzgeschichte überhaupt zusätzliche Informationen erfordert.

Vielleicht schreiben Sie ja am liebsten über das Innenleben einer Figur und kommen mit wenigen Hintergrundinformationen aus. Oder Ihre Stärke liegt darin, das Schicksal einer vereinsamten Figur in ihren vier Wänden zu beschreiben. Oder Sie bevorzugen Geschichten, die nur eine kurze Zeitspanne umfassen und sich auf ein einziges Ereignis, vielleicht eine hitzige Auseinandersetzung, konzentrieren, so dass eine ausführliche Beschreibung des Schauplatzes den Rahmen sprengen würde. Dann brauchen Sie auf den Schauplatz keine sonderlichen Gedanken zu verschwenden.

Wenn Ihre Geschichte jedoch vor dem Hintergrund politischer Ereignisse spielt oder Spezialwissen über einen Beruf oder ein Unternehmen erfordert, dann kommen Sie um Recherchen nicht herum.

In diesem Fall legen Sie bitte weitere Karteikarten an. Überlegen Sie, welche zusätzlichen Informationen Sie brauchen. Sind das historische, politische oder demografische Informationen? Vermerken Sie das jeweilige Gebiet bzw. die jeweilige Kategorie oben auf der Karte. Formulieren Sie nun für jede Kategorie so

7. Der Schauplatz der Geschichte

viele Fragen wie möglich und notieren Sie diese samt Ihren Antworten auf separaten Karten.

Sie wollen beispielsweise eine Geschichte schreiben, die zu Anfang des letzten Jahrhunderts in Ihrem Heimatort spielt, wissen aber zu wenig über seine Geschichte. Beschriften Sie dazu eine Karte mit der Bezeichnung »Heimatkunde«. Zu diesem Oberbegriff könnten Sie weitere Fragekarten ausfüllen, wie beispielsweise:

- Wie hoch war die Bevölkerungszahl im Jahr 1900?
- Was war der wichtigste Wirtschaftszweig?
- Welche Fortbewegungsmittel gab es? Noch Kutschen? Schon eine Straßenbahn?
- Was waren die wichtigsten Gebäude?
- Gab es damals schon die heutige Lokalzeitung? Falls ja, sollten Sie sich des Lokalkolorits wegen ein Exemplar besorgen. Falls nicht, wie wurden Nachrichten verbreitet?
- Wie sah die Mode damals aus? Versuchen Sie Bilder aufzutreiben.
- Wie hoch waren die Preise? Besorgen Sie sich Anzeigen aus der damaligen Zeit.

Wahrscheinlich fallen Ihnen noch weitere und bessere bzw. auf Ihre Geschichte zugeschnittene Fragen ein.

Vielleicht haben Sie durch diese Übung festgestellt, dass Sie Ihren Heimatort doch nicht so gut kannten, wie Sie dachten, und dass die Beschreibung eines Schauplatzes nicht so leicht ist, wie es in einer fertigen Geschichte den Anschein hat. Das sollte Sie nicht entmutigen. Entscheidend ist, dass Sie lernen, wie Sie eine Geschichte verbessern können – und dazu sind Sie auf dem besten Weg!

Natürlich ist die oben skizzierte Vorgehensweise noch wichtiger, wenn es sich um einen Ihnen unbekannten Schauplatz handelt.

Vielleicht erscheint es Ihnen schwierig, Informationen über eine andere Zeit oder einen weit entfernten Ort, ein ungewohntes Arbeitsumfeld – wie beispielsweise ein Krankenhaus oder einen großen Konzern – einzuholen. Aber das sollte Sie nicht daran hindern, Ihre Idee für eine Geschichte weiterzuverfolgen. Es gibt zahlreiche Möglichkeiten, sich zu informieren.

Vielleicht möchten Sie sich mit den wichtigsten vertraut machen. Notieren Sie die, die Ihnen einfallen, auf Karten, damit Sie später darauf zurückgreifen können.

Fast überall gibt es eine öffentliche Bücherei, Zeitungs- oder andere Archive, einen Geschichtskreis, eine genealogische Gesellschaft, eine Schulbibliothek, ein Museum, Nachschlagewerke, die man über Fernleihe bekommen kann, Buchläden oder Ämter.

Sie werden angenehm überrascht sein, wie hilfreich die MitarbeiterInnen in den Abteilungen für Öffentlichkeitsarbeit vieler Behörden und großer Firmen sind. Zögern Sie nicht, einen höflichen Brief zu schreiben und Ihre Fragen zu stellen. Schlimmstenfalls wird man Sie weiterverweisen.

Wenn Sie Zugang zum Internet haben, nutzen Sie es, denn es erschließt Ihnen ungeahnte Recherchemöglichkeiten.

Aber auch Experten in Ihrer näheren Umgebung sollten Sie nicht vergessen. Vielleicht findet sich in Ihrer Gemeinde, der Schule, in Ihrer Firma oder der Bücherei jemand, der zufällig genau über das Gebiet Bescheid weiß, das Sie interessiert. Es sollte mich nicht wundern, wenn sich einer Ihrer Nachbarn als weltweit anerkannter Experte für Tahiti, für Kupferverhüttung oder seltene Münzen herausstellen würde...

Wie setzen Sie den Schauplatz in Szene?

Eines der zentralen Probleme, mit denen Sie sich beim Schreiben immer wieder herumschlagen müssen, ist natürlich die andauernde Suche nach dem treffenden Wort, der richtigen Ausdrucks-

7. Der Schauplatz der Geschichte

weise, der gelungenen Formulierung. Am Beispiel des Schauplatzes möchte ich Ihnen drei Möglichkeiten aufzeigen, damit umzugehen: durch direkte Beschreibungen, durch Vergleiche oder Metaphern.

Eine ausführliche Diskussion stilistischer Fragen würde den Rahmen dieses Buchs sprengen; schließlich ist es eine Anleitung zum Schreiben und keine Abhandlung ästhetischer Probleme. Aber ein kurzer Abriss sei mir gestattet.

In der Regel werden Sie gewiss auf die direkte Beschreibung zurückgreifen, um Ihren Lesern den Schauplatz zu verdeutlichen:

> Die fast senkrechte Wand des Eiger erhob sich über dem kleinen Ort und tauchte ihn den größten Teil des Tages in Dunkelheit.

Sie kommen ohne Umschweife zum Punkt, was in den meisten Fällen auch genügt. Manchmal wollen Sie vielleicht das eine oder andere Detail ausschmücken, zum Beispiel die Wand des Bergs mit Hilfe eines Vergleichs näher charakterisieren:

> Die Granitwand des Eiger erhob sich über dem kleinen Ort wie eine mächtige, furchterregende Gefängnismauer.

Solche »wie«-Vergleiche sind oft bildhafter. Sobald diese Wand im Text auftaucht, wird der Leser oder die Leserin automatisch an ein Gefängnis denken.

Nicht immer ist ein Vergleich so emotional aufgeladen; im folgenden Beispiel dient er bloß als visuelle Hilfe für den Leser: »Die Gegend sah aus wie eine Mondlandschaft.« (Interessanterweise müssen wir in unserer modernen Zeit den Mond bemühen, um eine Landschaft auf der Erde lebendig werden zu lassen.) In diesem Fall wird Trostlosigkeit evoziert, und der Deutlichkeit wegen wird ein für die Leser vertrauteres Bild gewählt.

Wenn AutorInnen bei der Beschreibung eines Schauplatzes Metaphern einsetzen, dann oft, um der emotionalen Wirkung eines Vergleichs noch größeren Nachdruck zu verleihen. Es wird

7. Der Schauplatz der Geschichte

kein direkter Vergleich gezogen, sondern hier steht ein Symbol für die Sache selbst. Zum Beispiel:

> Einer grauen, grausamen Gefängnismauer gleich überragte die Wand des Eiger das Dorf. Es gab keine Tore, durch die man hätte entfliehen können – und damit auch keine Hoffnung auf ein Entkommen.

Wenn man mit verschiedenen Methoden experimentiert, wird häufig kreative Energie freigesetzt. Für folgende Aufgabe sollten Sie sich noch Zeit nehmen, bevor Sie mit dem nächsten Kapitel beginnen:

Füllen Sie bitte mindestens sechs Karten »Schauplatzbeschreibungen« aus. Wählen Sie dazu das auffälligste Merkmal der Gegend und beschreiben Sie es auf zwei Karten direkt, auf zwei weiteren mit Hilfe eines Vergleichs und auf den letzten beiden mit Hilfe einer Metapher. Diese Karten werden Ihnen bei Ihrer nächsten Kurzgeschichte gewiss nützlich sein.

Nehmen Sie sich jetzt zwei bereits veröffentlichte Geschichten vor und markieren Sie allgemeine Beschreibungen des Schauplatzes mit einem schwarzen Stift. Visuelle Eindrücke könnten Sie in Rot, akustische in Blau, taktile Empfindungen in Lila, Beschreibungen eines Geruchs in Grün, eines Geschmacks in Gelb kennzeichnen.

Welche Sinne bevorzugt die AutorIn? Entspricht seine oder ihre Präferenz Ihren bisherigen Erfahrungen? Wurde ein Sinnesorgan ganz ausgespart? Haben Sie den Eindruck, dass manche Beschreibungen übertrieben sind? Bitte notieren Sie, was Ihnen aufgefallen ist!

Lesen Sie die beiden Geschichten noch einmal. Markieren Sie nun mit einer neuen Farbe sämtliche Fakten bezüglich des Schauplatzes sowie Bemerkungen der Figuren dazu. Schreiben Sie Ihre Beobachtungen bitte auf.

Analysieren Sie jetzt eine oder zwei Ihrer eigenen Kurzgeschichten und vergleichen Sie sie mit den beiden fremden. Worin bestehen die Gemeinsamkeiten, worin die Unterschiede? Was schließen Sie daraus? Was können Sie über Ihre eigenen Vorlieben sagen?

Bevorzugen Sie eher direkte Beschreibungen, Vergleiche oder Metaphern? Bitte markieren Sie die entsprechenden Stellen. Würde Ihre Erzählung gewinnen, wenn Sie in dem einen oder anderen Fall eine andere Art der Beschreibung wählten?

Zusammenfassung

Die gelungene Darstellung des Schauplatzes einer Geschichte ist entscheidend für ihre Glaubwürdigkeit. Recherchieren Sie bitte sorgfältig und verzichten Sie auf Vermutungen.

Achten Sie bitte auf Genauigkeit, Kürze und Klarheit.

Sie können zwischen direkten Beschreibungen, Vergleichen oder Metaphern wählen – oder auch alle drei Techniken verwenden.

Bevor Sie sich dem nächsten Kapitel zuwenden, sollten Sie zumindest ein paar Karteikarten zum Thema Schauplatz angelegt haben. In diesem Kapitel waren einige Aufgaben freiwillig; bitte übergehen Sie diese nur, wenn Sie sich sicher sind, dass Sie es später nicht bereuen werden.

Auszeit
Was Menschen umtreibt

Manchmal fällt es nicht schwer, menschliche Reaktionen vorauszusagen – sei es im wahren Leben oder in der Fiktion. Ramonas Vater stirbt: Sie weint. In Max' Laden wird eingebrochen: Er ist wütend und deprimiert. Michael verliert seinen Job, woraufhin er sich auf die Suche nach einem neuen macht. In vielen Fällen verstehen wir sowohl die Beweggründe, die eine bestimmte Handlung ausgelöst haben, als auch die Person, die sich von diesen Motiven leiten lässt.

Je mehr wir über die menschliche Natur wissen, desto glaubhafter und lebendiger werden unsere Figuren sein. Viele der Aufgaben dieses Buches haben im Kern damit zu tun, die Vorstellungen über das Verhalten und die Motive der Menschen in unseren Arbeitsplan über das Schreiben von Kurzgeschichten zu übertragen. An dieser Stelle möchte ich kurz auf verschiedene Persönlichkeitstheorien eingehen, damit Sie Ihre Grundannahmen über das, was Menschen umtreibt, etwas reflektierter umsetzen können.

Die meisten von Ihnen haben sicher schon von den drei maßgeblichen Theorien über das menschliche Verhalten gehört: von Freuds Psychoanalyse, vom Behaviorismus und von der Transaktionsanalyse. Zwar bietet keine dieser Theorien eine so konkrete Hilfestellung wie das Konzept des Selbstbilds, das ich in Kapitel 10 vorstellen werde, aber ein grundsätzliches Verständnis von allen dreien wird Ihnen für Ihre spätere Arbeit nützlich sein und Sie möglicherweise auf neue Ideen bringen.

Freud

Selbst wenn wir Freuds Theorie über die menschliche Psyche ein ganzes Buch widmen würden, könnten wir ihr nicht gerecht werden. Seit der Veröffentlichung seines Werks sind dazu zahlreiche Studien und Erklärungen erschienen, und die Diskussion hält noch immer an. Für uns als AutorInnen ist vor allem sein Ansatz zum Unter- bzw. Unbewussten interessant.

Möglicherweise wissen Sie mehr über die Freudsche Theorie als ich und halten dann meine Darstellung für eine unerträgliche Vereinfachung. Deshalb zögere ich etwas bei meinem Versuch, Ihnen nahe zu bringen, wie Freuds Ideen bei der Gestaltung einer Figur helfen können.

Freud zufolge verfügt jeder Mensch über ein Bewusstsein, auch das Bewusste genannt, und ein Unbewusstes. Das Bewusste umfasst unser Denken und Fühlen, das wir wahrnehmen. Wenn ich mich beispielsweise erkältet habe und in die Apotheke gehe, um mir eine bestimmte Medizin zu kaufen, die mir früher schon geholfen hat, dann beruhen meine Handlungen auf einem bewussten Denkprozess. Wenn mich andererseits meine Frau an einem unfreundlichen Tag in den Supermarkt schickt, obwohl ich partout keine Lust dazu habe, und ich mir prompt eine Erkältung hole, dann hat vielleicht mein Unbewusstes mein Immunsystem so geschwächt, dass ich mich irgendwo anstecken konnte. Oder ich tue etwas und stelle fest, dass ich nicht weiß, warum. Dann muss ich mir eingestehen, dass in meinem Kopf etwas abläuft, das mir nicht bewusst ist.

Oder erinnern wir uns an die berühmten Freudschen Versprecher: Ihre Frau bittet Sie, den Nachbarn etwas vorbeizubringen, und Sie erwidern, auf die »Nachtbars« hätten Sie jetzt keine Lust. Um Ihnen die Idee schmackhaft zu machen, schlägt Sie Ihnen vor, sich vom Bäcker ein Stück Kuchen mitzubringen, und fügt hinzu: »Das macht dich bestimmt dick, ähm glücklich.«

Sie können also für Ihre Figuren Beweggründe und daraus resultierende Handlungen erfinden, die den Personen selbst nicht bewusst sind.

Eine junge Frau beispielsweise kauft sich ein sündhaft teures Kleid, obwohl sie es sich gar nicht leisten kann. Sie sagt dazu: »Ich weiß nicht, warum ich das getan habe!« Als Autor wissen Sie natürlich, dass sie unbewusst wie ihre tote Mutter handelte, die sich im Frühling immer ein neues Kleid gekauft hatte.

Sie brauchen keine explizite Erklärung für eine unbewusste Handlung zu geben. Oft ist die Logik des Unbewussten so eingängig, dass die Leser die Handlung nachvollziehen können, selbst wenn sie sie bewusst nicht verstehen. Aber dieses instinktive Verständnis wird sich nur einstellen, wenn Sie lange über eine Figur nachgedacht haben – über ihre Vergangenheit und Gegenwart sowie ihre Gefühle – und somit mehr über ihr Unbewusstes wissen als sie selbst.

Andererseits sollten Sie es nicht übertreiben. Wenn Ihre Figuren nur aus unbewussten Beweggründen heraus handeln, tun sie Dinge, die fremd und unverständlich erscheinen, und Sie als AutorIn können dann nur hilflos einräumen, dass das Unbewusste dafür verantwortlich ist. Wie immer kommt es auf das richtige Maß an. Wählen Sie den goldenen Mittelweg und gehen Sie überlegt mit der Macht um, die Ihnen das Wissen um die unbewusste Motivation einer Figur über sie gibt.

Wie gesagt, unbewusste Handlungen folgen einer eigenen Logik. Auch wenn wir uns des Unbewussten nicht bewusst sind, so bestimmt es doch einen Großteil unseres Lebens. Dieses Wissen können wir nutzen, um glaubwürdige und vielschichtige Figuren zu kreieren. Aber zuvor sollten wir uns folgende Fragen stellen: Warum ist diese Figur so, wie sie ist? Was geht in ihrem Unbewussten vor? Wie kann ich scheinbar widersprüchliche Aspekte ihrer Persönlichkeit mit dem Hinweis auf ihr Unbewusstes erklären?

Es reicht nicht zu sagen: »Ihr Unbewusstes ist dafür verantwortlich.«

Und noch ein wichtiger Punkt zu diesem Thema: Auch unsere Beweggründe für eine bestimmte Geschichte und bestimmte Figuren haben ihren Ursprung in unserem Unbewussten.

Als einer meiner Romane gerade erschienen war, dachte ich, er wäre ganz anders als alles, was ich zuvor geschrieben hatte. Meine damals vierzehnjährige Tochter las das Buch und fragte mich ganz unverblümt: »Wann hörst du eigentlich auf, über deine Probleme mit deinem Vater zu schreiben?« Verblüfft stellte ich fest, dass ich bereits zum fünften Mal eine Vater-Sohn-Beziehung thematisiert hatte. Mein Unbewusstes hatte mich dieses Thema wählen lassen, weil ich offenbar diese Beziehung noch nicht verarbeitet hatte.

Wenn Sie feststellen, dass Sie immer die gleichen Geschichten schreiben oder dass Sie mit einer nicht vorankommen, verzagen Sie nicht. Es könnte sein, dass Ihr Unbewusstes Ihnen etwas mitteilen möchte. Vielleicht ist es nicht der richtige Zeitpunkt für diese Geschichte. Oder vielleicht sollten Sie auch Ihre Kreativität in andere Bahnen lenken.

Ich hoffe, dass ich Ihnen mit diesen Bemerkungen ein paar Ideen mit auf den Weg habe geben können. Betrachten Sie sie als Denkanstoß und als Möglichkeit, Ihre Figuren lebensechter erscheinen zu lassen.

Der Behaviorismus

Mit der Reiz-Reaktions-Theorie über menschliches Verhalten betreten wir einfacheres Terrain. Diese Verhaltenslehre, die auch Behaviorismus genannt wird, erklärt, wer wir sind und warum wir wie handeln.

Nehmen wir ein plastisches Beispiel für Reiz und Reaktion: Sie berühren eine Amöbe mit einer Mikrosonde und sie weicht zurück. Der Reiz-Reaktions-Theorie zufolge werden in der Kindheit bestimmte Verhaltensmuster angelegt, d. h. auf einen bestimmten Reiz erfolgt immer dieselbe Reaktion; im späteren Leben dann löst eine bestimmte Situation oder ein bestimmter Reiz automatisch das entsprechende Verhalten aus.

Diese simple Erklärung leuchtet ein. Gleichzeitig hat die Vorstellung, dass selbst unsere kompliziertesten Gedankengänge das Resultat von Nervenzellen sind, die auf Reize reagieren, für Viele etwas Erschreckendes. Denn das würde bedeuten, dass es keine freien Willensentscheidungen und somit kein bewusstes und eigenverantwortliches Handeln gibt.

Wie immer Sie zu dieser Theorie stehen, für unsere Zwecke – dem Studium von Figuren und Handlungen –, können wir sie auf zweierlei Weise nutzbar machen: Wenn Sie eine Figur in Ihrer Geschichte handeln lassen, sollten Sie dafür sorgen, dass es dafür einen unmittelbaren Anlass (und auch einen tieferen Grund) gibt: also einen Reiz. Jedes Mal, wenn Sie ein bedeutsames Ereignis, d. h. einen möglichen Reiz, zu Papier bringen – sei es ein plötzlicher Todesfall in der Familie, ein unerwartetes Gewitter oder nur ein nettes Wort –, sollten Sie daran denken, dass es später in der Geschichte eine Reaktion hervorrufen muss.

Anders ausgedrückt: Sie können Ihre Figuren durch bestimmte Reize zum Handeln veranlassen.

Auf diese Weise lösen Sie eine Reihe komplizierter, die Handlung betreffende Probleme. Denken Sie sich eine Ursache aus und überlegen Sie, wie Ihre Figur darauf reagieren könnte.

Deren Reaktion wird jedoch nicht so eindeutig sein, wie es zunächst scheint. Jeder Mensch – und jede Figur – ist anders. Selbst wenn wir alle dem gleichen Reiz ausgesetzt würden, so fiele doch unsere Reaktion ganz unterschiedlich aus. Die Reiz-Reaktions-Theorie führt also nicht zu vorhersehbaren Handlungen, sondern lässt sie nur glaubhafter erscheinen. Jede Figur verfügt über einen eigenen Willen – was allerdings der strengen Auslegung der Behaviorismustheorie widerspricht –, so dass es ihr in Maßen freisteht, wie sie auf einen gegebenen Reiz reagiert.

Die Transaktionsanalyse

Dieser Ansatz zur Erklärung menschlichen Verhaltens ist weniger abstrakt als der Freudsche, aber komplexer als die Behaviorismustheorie. Die TA, wie sie häufig auch genannt wird, geht davon aus, dass die Motive und Gründe für ein bestimmtes Verhalten eines Menschen in der Interaktion mit anderen deutlich gemacht werden können. Anschließend werden die für diese Person typischen Interaktionen analysiert und in gruppentherapeutischen Rollenspielen durchgespielt.

Die TA erinnert an Freuds Theorie des Es, Ich und Über-Ich, beschäftigt sich aber im Gegensatz dazu nur mit Motiven, die dem Bewusstsein – also Freuds Ich – zugänglich sind. Der TA zufolge setzt sich das Ich eines Menschen aus dem Eltern-Ich, dem Erwachsenen-Ich und dem Kind-Ich zusammen. Unser Verhalten wird hauptsächlich durch das jeweils aktivierte bzw. mit Energie besetzte Ich bestimmt.

Eine Person, die impulsiv, schnell beleidigt, verspielt, albern oder verängstigt ist, befindet sich wahrscheinlich gerade in ihrem Kind-Ich-Zustand. Kommt eine zweite Person hinzu und beruhigt das »Kind«, reagiert sie als »Elternteil«. Eine dritte Person, die die Situation nüchtern analysiert und logische Schlüsse daraus zieht, übernimmt den Part des Erwachsenen.

Das Kind-Ich umfasst also sämtliche Gefühle eines kleinen emotionalen und spontan reagierenden Kindes. Das Eltern-Ich zeichnet sich durch ein Verhalten aus, das der Rolle der Eltern entspricht, also Fürsorge und Ernährung. Das Erwachsenen-Ich ist vergleichbar mit einem Computer, der beobachtet und analysiert – einschließlich des inneren Dialogs zwischen Eltern und Kind –, logische Schlüsse daraus zieht und sein Handeln von der objektiven Analyse der Fakten aus dem inneren Dialog oder äußeren Begebenheiten abhängig macht.

Mit Hilfe der entsprechenden analytischen Hilfe können uns alle drei Zustände bewusst gemacht werden. (Es ist typisch für den gruppentheoretischen Ansatz der TA, dass eine Person wochenlang mit anderen interagiert und das Gefühl hat, nichts über sich zu erfahren. Dann bemerkt sie plötzlich an sich ein typisches Handlungsmuster und wird sich ihres momentanen Ich-Zustands sowie möglicherweise problematischer Verhaltensweisen im Umgang mit anderen und sich selbst bewusst.)

Die Tatsache, dass alle drei Ich-Zustände dem Bewusstsein zugänglich sind, ist ein wichtiger Teil der TA. Es bedeutet, dass sich jemand seiner Motive und Gedankengänge im Moment nicht bewusst sein mag, zu einem späteren Zeitpunkt jedoch schon. Das heißt für einen Autor, dass er oder sie die Beweggründe und Überlegungen einer Figur ausarbeiten und dem jeweils gewählten Ich-Zustand entsprechend verändern kann.

Lassen Sie mich das an einem Beispiel erläutern: Marianne und Fred sitzen in ihrer Wohnung. Sie als AutorIn wollen, dass es zwischen den beiden zum Streit kommt. Marianne analysiert nüchtern Ereignisse aus ihrer gemeinsamen Vergangenheit. Fred stimmt ihr zu oder widerspricht, ebenfalls ohne aggressiv zu werden. Beide sind distanziert, wie es ihrem Wesen entspricht. Wie können Sie eine Auseinandersetzung herbeiführen?

Hier kann die TA helfen. Versetzen Sie eine der beiden Figuren in ihren Kind-Ich-Zustand. Kindhaftes Benehmen zeichnet sich durch ein hitziges Gemüt, Emotionalität und Unberechenbarkeit aus. Ein Kind fährt schnell aus der Haut oder fängt an zu weinen oder rennt weg. Wenn sich die andere Person weiterhin »erwachsen« verhält, wird »das Kind« frustriert auf die kühle Art des Partners reagieren.

Wenn sich Marianne zu Beginn dieser Szene in ihrem Kind-Ich-Zustand befindet, wird sie schniefend ihr Schicksal beklagen.

Fred als analytischer Erwachsener reagiert wie zuvor in der misslungenen Szene, als sich Marianne ebenfalls in ihrem Erwachsenen-Ich-Zustand befand. Marianne stampft mit dem Fuß auf, wirft eine Vase nach ihm und schreit: »Meine Gefühle sind dir schnurz! Du bist ekelhaft!« Fred bleibt ruhig, was Marianne nur noch wütender macht. Dann schlüpft Fred ebenfalls in sein Kind-Ich und wirft ihr Schimpfwörter an den Kopf.

Sie haben Ihr Ziel erreicht: Es ist zum Streit gekommen – aber nur, weil Sie Ihr Wissen über die TA genutzt und eine der beiden Figuren in ihren rebellischen Kind-Ich-Zustand versetzt haben.

Der Lebensplan

Ein weiterer, für uns hilfreicher Aspekt der TA ist der so genannte Lebensplan, auch Skript genannt.

Schlicht gesagt, läuft das Skript-Konzept darauf hinaus, dass wir sehr früh in unserem Leben die Art unserer Persönlichkeit und auch die Verhaltensmuster festlegen, die unser späteres Leben prägen werden – und dass wir diesem vorgegebenen Plan blind folgen, auch wenn es unser Untergang sein sollte.

Nehmen wir einmal an, dass Tim bereits als kleiner Junge immer wieder von seinem Vater dafür gescholten wurde, dass er nie seine Spielsachen aufräumte oder nie seinen Teller leer aß. »Okay, du gibst dir Mühe, aber offenbar bist du einfach unfähig«, brüllte sein Vater. »Wann wirst du endlich mal was richtig machen? Manchmal denke ich, dass das nie der Fall sein wird.«

Das Kind Tim nimmt sich die Worte seines Vaters zu Herzen, verinnerlicht sie und akzeptiert unwissentlich die väterlichen Beobachtungen und Prognosen, die seinen weiteren Lebensweg bestimmen. Während sich andere Aspekte seiner Persönlichkeit entwickeln, bleibt sein Kind-Ich allgegenwärtig. Wie würde sich ein solcher Protagonist in einer Geschichte verhalten?

Sein Lebensplan bestünde darin, ständig etwas zu versuchen,

aber niemals Erfolg zu haben und sich nie akzeptiert zu fühlen. Während der Schulzeit würde er danach streben, Einsen zu bekommen, aber leider ohne Erfolg. Er würde sich im Beruf abrackern, aber dennoch auf keinen grünen Zweig kommen. Er würde eine nette Frau heiraten, aber insgeheim davon überzeugt sein, dass sie ihn auf keinen Fall lieben kann, da er doch ein Versager ist.

Sie können Ihren Figuren alle möglichen tragischen oder auf den ersten Blick rätselhaften Persönlichkeitsprobleme andichten, indem Sie sich Lebenspläne mit versteckten, fatalen Aspekten ausdenken. Überlegen Sie sich also zunächst ein Skript für eine Figur und beschreiben Sie dann ihre verzweifelte Suche nach dem Grund für ihr Unglücklichsein.

Sie könnten Ihre Protagonistin jedoch auch als übertrieben kühl und logisch darstellen. Vielleicht ist sie sich sogar dessen bewusst, dass sie immer in ihrem Erwachsenen-Ich verharrt und andere Ich-Zustände nicht zulassen kann, weil sie Angst hat, die Kontrolle zu verlieren. Oder Sie kreieren eine Figur, die ständig andere bemuttert. Diese Figur ist in ihrem Eltern-Ich gefangen, während vielleicht ihr Erwachsenen-Ich erfolglos versucht, ihrem Leben einen Sinn zu geben, und das verborgene Kind-Ich zu kurz kommt, da sie sich nicht zugesteht, herumzualbern und aus sich herauszugehen.

* * *

Wenn ich jetzt Ihr Interesse geweckt haben sollte, die hier angerissenen Theorien zu vertiefen, finden Sie in Ihrer Stadtbücherei oder Ihrem Buchladen jede Menge Titel zur Psychologie und Selbsthilfe. Vielleicht fühlen Sie sich auch schon fit genug und versuchen Ihre Figuren nach den hier gewonnenen Erkenntnissen zu gestalten. Ich hoffe jedenfalls, dass dieser Exkurs Sie auf neue Ideen gebracht und dazu beigetragen hat, Ihr Wissen über die menschliche Natur zu erweitern.

8
Machen Sie einen Arbeitsplan

Zur Kontrolle:
- ✓ Haben Sie gründlich über Ihren Schauplatz nachgedacht und ihn – wenn nötig – sorgfältig recherchiert?
- ✓ Beobachten Sie weiterhin die Menschen in Ihrer Umgebung?
- ✓ Füllen Sie gewissenhaft Karteikarten aus, damit Ihre Figuren später Glaubwürdigkeit, Lebendigkeit und Tiefe aufweisen?

Einige von Ihnen werden vielleicht bereits eifrig an ihrer Kurzgeschichte basteln. Andere Leser jedoch – und die möchte ich jetzt besonders ansprechen – sind möglicherweise durch die bisherigen Vorschläge und Anregungen eher abgeschreckt worden. Ich kann sie richtig aufseufzen hören: »Meine Güte, ich hätte nie gedacht, dass es so kompliziert sein könnte, eine Kurzgeschichte zu schreiben. Das artet ja richtig in Arbeit aus.«

Verlieren Sie nicht den Mut! Viele der anempfohlenen Arbeitsschritte – so vor allem Ihre Selbsterforschung – werden Sie nur einmal in Ihrer Karriere als SchriftstellerIn auf sich nehmen müssen. Und die meisten anderen werden sich als derart hilfreich erweisen, dass sie Ihnen mit der Zeit zur zweiten Natur werden und wie von selbst in Ihren kreativen Prozess eingehen. Und außerdem dauert es jetzt nicht mehr lange, bis Sie eine gelungene Kurzgeschichte zu Papier bringen – die beste, die Sie je geschrieben haben!

Nehmen Sie den einfachen Weg

Wie bereits eingangs erwähnt, gibt es Autoren, die sich einfach hinsetzen und auf ihre Intuition vertrauen, wenn sie sich an eine neue Geschichte machen. Alle Hürden, die sich ihnen in den Weg stellen, nehmen sie beim Schreiben selbst. Die Glücklichen. Denn leider müssen sich die meisten von uns mehr anstrengen, um einen literarischen Text zu schreiben – erst recht, wenn es sich dabei um eine Novelle oder gar um einen Roman handelt. Wer sich da auf seine bloßen Eingebungen verlässt, muss sein Werk anschließend endlos überarbeiten, um es zu retten – sofern es sich überhaupt retten lässt.

Die Experten sind sich überwiegend darin einig, dass es weit einfacher ist, sorgfältig vorauszuplanen und überlegt vorzugehen. Zwar redigieren alle Schreiber ihren Text, bevor er das Licht der Öffentlichkeit erblickt, aber nachträgliche Überarbeitungen sind eine mühsame Sache, und je mehr Passagen sich dabei als misslungen herausstellen, desto niederschmetternder ist der Aufwand, sie von Grund auf umzuformulieren. Mein Ziel ist es, Ihnen Richtlinien an die Hand zu geben, damit Sie nicht auf Geistesblitze angewiesen sind, sondern auf Anhieb einen Text produzieren können, der bei Ihrer späteren Revision weitgehend Bestand hat.

In diesem Kapitel werden Sie mit einer Reihe von Fragen konfrontiert, die Sie beantworten sollten, bevor Sie mit dem Schreiben beginnen. Wenn Ihnen diese Liste zu arbeitsaufwändig erscheint, denken Sie daran, dass es sich hierbei um den einfachen Weg handelt – weitaus problematischer wäre es, wenn Sie mitten im Erzählen stecken blieben.

Halten Sie also wieder einen Stapel Karteikarten bereit, wenn Sie sich gleich daran machen, die Fragen durchzugehen, die im Zentrum dieses Kapitels stehen. Sie müssen diese Fragen nicht unbedingt in der vorgegebenen Reihenfolge beantworten – wich-

8. Machen Sie einen Arbeitsplan

tiger ist, dass Sie keine auslassen. Das erinnert mich allerdings an eine Frage, die mir von angehenden Autoren oft gestellt wird: »Muss ich eine Geschichte von Anfang bis Ende schreiben oder kann ich beliebig einzelne Passagen herausgreifen, wenn mir dazu etwas einfällt?«

Die Antwort lautet: Sie können Ihre Geschichte schreiben, wie es Ihnen beliebt. Natürlich machen bestimmte Abschnitte mehr Spaß als andere. Gemeinhin drängt sich dabei die Ursprungsidee auf, die den Ausgangspunkt der ganzen Geschichte bildet. Diese Idee wird wohl fast jeder Autor als erste aufgreifen, um sie als Szene, als Episode oder als Abschnitt auszuformulieren.

Vielleicht juckt es Sie jetzt in den Fingern, den Entwurf für eine solche Szene zu Papier zu bringen. Aber Sie sollten sich davor hüten, sämtliche interessanten Passagen vorwegzunehmen. Sonst verlieren Sie schnell die Lust und bringen für die weniger spannenden Abschnitte keine Energie mehr auf.

Die meisten Autoren haben, bevor sie mit dem Schreiben beginnen, ein paar besonders hinreißende Szenen vor Augen. Aber sie zwingen sich, Schritt für Schritt vorzugehen und sich die Höhepunkte aufzusparen. Ein Schriftsteller sagte mir einmal: »Wenn ich mich zu Anfang allen ›großen‹ Szenen widmen würde, würde ich wahrscheinlich nie eine Geschichte beenden. Ich schreibe mich gleichsam an die Höhepunkte, die für mich einfachen Stellen, heran.«

Beantworten Sie deshalb die folgenden Fragen doch besser der Reihe nach. Notieren Sie jede Frage auf einer separaten Karte und die Antwort auf der Rückseite. Diese Aufgabe bezieht sich, anders als die früheren, unmittelbar auf die Geschichte, die Sie als nächste in Angriff nehmen wollen.

Bei der Bearbeitung der Liste werden Sie vielleicht feststellen, dass Sie frühere Entscheidungen zum Handlungsverlauf revidieren müssen, damit Ihre Geschichte stimmig ist. Um Ihnen ein etwas dick aufgetragenes Beispiel zu geben: Vielleicht sollte Ihre

Geschichte ursprünglich um 1750 herum spielen. Doch dann merken Sie, dass Sie für die Handlung unbedingt ein Faxgerät brauchen. In diesem Fall führt kein Weg daran vorbei, die bereits notierte Jahreszahl auf Ihrer Antwortkarte zu ändern. Oder Ihre Hauptfigur sollte eigentlich ein 70-jähriger Mann sein. Nun aber finden Sie es zwingend, Ihren Helden auf dem Höhepunkt der Geschichte drei Kilometer lang seinem Gegenspieler hinterherzuhetzen. Da bleibt es Ihnen wahrscheinlich nicht erspart, Ihren Helden zu verjüngen und als sportlichen Typ zu entwerfen.

Wie gesagt, das ist natürlich überzogen. Aber ich will Ihnen damit verdeutlichen, dass Sie immer mal wieder zugunsten eines in sich stimmigen Handlungsverlaufs ursprüngliche Vorgaben Ihrer Geschichte über Bord werfen müssen. Aber wenn Sie dann schon Ihre halbe Geschichte geschrieben haben, bevor Sie merken, dass Ihr roter Faden eigentlich ein Fallstrick ist, dann kommen Sie in Teufels Küche. Da ist es viel einfacher, rechtzeitig Ihre Karteikarten zu überprüfen, denn diese lassen sich problemlos ändern.

Auch wenn Sie Probleme mit der Beantwortung der folgenden Fragen haben, sollten Sie nicht aufgeben. Binnen kurzem wird es Ihnen ergehen wie allen professionellen Schreibern – da werden Sie sich diese oder ähnliche Fragen wie von selbst stellen, ohne auf eine Liste zurückgreifen zu müssen. Und Ihre Liste wird dann genau auf die Art von Geschichte zugeschnitten sein, die Sie schreiben wollen.

Ihr Arbeitsplan, an dem Sie sich beim Schreiben orientieren können, ist jetzt fast vollständig.

Definieren Sie die einzelnen Elemente Ihrer Geschichte

Hier ist er also, der Fragenkatalog, den ich Ihnen angekündigt habe:

8. Machen Sie einen Arbeitsplan

Welche Art von Geschichte soll es sein? Vielleicht eine Liebesgeschichte? Eine Kriminalgeschichte? Eine Abenteuer- oder Actiongeschichte? Sciencefiction? Diese Frage zielt nicht darauf ab, Sie auf ein bestimmtes Rezept oder Muster festlegen zu wollen. Sie sollten aber sehr ernsthaft über die allgemeine Kategorie der Geschichte nachdenken, die Sie schreiben wollen, sowie über die Voraussetzungen, die dafür erfüllt sein müssen.

Lassen Sie mich dies anhand einiger Beispiele erläutern.

Angenommen, Sie entscheiden sich für eine Sciencefiction-Geschichte, dann müssen Sie entweder mit wissenschaftlichen Erkenntnissen herumspielen oder sich eine reine Fantasiehandlung einfallen lassen, die den Leser mitreißt. Wenn Sie eine Liebesgeschichte schreiben wollen, dann brauchen Sie ein Liebespaar und ein paar veritable Hindernisse, die seinem Glück im Wege stehen. Wenn Sie eine historische Geschichte im Sinn haben, dann müssen Sie aufpassen, dass Ihre Handlung keine modernen Geräte oder Diskussionen über aktuelle Themen beinhaltet. Beispielsweise gab es 1690 noch keine Fernseher, und Sie können Ihrer Hauptfigur auch keine Klagen über sexuelle Belästigung am Arbeitsplatz in den Mund legen, weil es damals zwar das Faktum gab, aber nicht unsere heutige Begrifflichkeit.

Wie sieht der Schauplatz aus? Auch die Wahl des Schauplatzes ist eng verknüpft mit anderen Aspekten einer Geschichte. Eine Figur, die für die heutige Lower Eastside New Yorks konzipiert wurde, passt nicht unbedingt in einen kleinen mittelamerikanischen Ort der 30er Jahre. In einer guten Geschichte harmonieren alle einzelnen Teile miteinander. Um das zu gewährleisten, arbeiten wir ja mit Karteikarten.

Sie sollten außerdem die Ratschläge aus Kapitel 7 befolgen: Wenn Sie zusätzliches Material für die Ausstattung Ihres Schauplatzes benötigen, sollten Sie auf weiteren Karteikarten alle Fragen notieren, die Sie noch beantworten müssen.

Wann spielt Ihre Geschichte? Passen die anderen Elemente der Geschichte zu der von Ihnen gewählten Zeit? Gibt es noch Fakten, die Sie überprüfen sollten?

Wer ist Ihre Hauptfigur? Beantworten Sie dazu zunächst bitte folgende Fragen:
- Wie heißt sie?
- Wie alt ist sie?
- Was ist sie von Beruf?
- Wo und wie ist sie aufgewachsen?
- Wie sieht sie aus?
- Gibt es weitere für die Geschichte wichtige Informationen über sie?

Auch hier gilt, dass Ihre Antworten mit allen anderen Aspekten der Geschichte übereinstimmen sollten. Sie müssen jetzt noch nicht alles über Ihre Figur wissen, aber Sie sollten wenigstens schon die obigen Fragen beantworten können. Allerdings können Sie jederzeit das eine oder andere, wie beispielsweise den Namen, ändern.

Wenn Sie feststellen, dass Ihre Figur einem »Otto Normalverbraucher« ähnelt, so sollte Ihnen das zu denken geben. LeserInnen interessieren sich eher für nicht alltägliche Personen. Überlegen Sie, ob Sie Ihrer Figur nicht etwas Außergewöhnliches mitgeben könnten, irgendeinen unverkennbaren Schlenker im Lebenslauf oder eine Besonderheit in ihrem Aussehen, wodurch sie sich von der Masse abhebt.

Was für ein Mensch ist diese Figur? Beschreiben Sie Ihre Figur; vielleicht fällt Ihnen ein besonderes Merkmal ein, das sie von anderen Menschen unterscheidet. Vielleicht schauen Sie noch einmal in Ihren Karten unter der Rubrik Erkennungsmerkmale und Charakterzüge nach. Überlegen Sie außerdem, wie Sie Ihrer besten Freundin erklären würden, warum sie diese Figur mögen soll. Oder versuchen Sie, jemandem diese Figur mit zwanzig Worten zu beschreiben.

Was ist in Ihrer Geschichte das Problem dieser Figur? Was fehlt ihr bzw. was wünscht sie sich? Was ist ihr Hauptproblem? Wie empfindet die Figur dieses Problem?

Warum ist es für diese Figur so wichtig, ihr Ziel zu erreichen? Oder eine Entscheidung zu fällen, neue Einsichten zu gewinnen? (Was ist das Ziel oder was beinhaltet eine bestimmte Entscheidung oder was bedeutet diese gewonnene Einsicht?)

Wenn es in Ihrer Geschichte einen Konflikt gibt (was ich hoffe), wer ist dann der Gegenspieler? Mit anderen Worten: Wer stellt sich dem Protagonisten entgegen und versucht, sein Vorhaben zu vereiteln? Benennen Sie diese Figur. Machen Sie sich bitte Gedanken über sie.

Was für ein Mensch ist dieser Gegenspieler? Hier müssen Sie ebenso vorgehen wie bei der entsprechenden Frage nach der Hauptfigur.

Was plant der Gegenspieler? Wie will er die Pläne des Protagonisten durchkreuzen? Hat dieser Plan Aussicht auf Erfolg? Warum? Warum nicht?

Warum ist es für Ihren Gegenspieler so wichtig, dass er sich der Hauptfigur entgegenstellt? Oder sie überredet, eine falsche Entscheidung zu treffen, oder eine Entdeckung verhindert, die ihr neue Einsichten vermitteln würde? Was zeichnet diesen Gegenspieler aus?

Diese Frage mag Ihnen überflüssig erscheinen, aber in vielen Kurzgeschichten bleibt auf Grund eben der Kürze die Motivation des Gegenspielers unterbelichtet. Oft erscheinen seine Handlungen willkürlich und deshalb unglaubwürdig. Im wahren Leben mag es oft den Anschein haben, als würden Menschen grundlos handeln. Aber in literarischen Texten, die in gewisser Weise wirklicher sein müssen als die Wirklichkeit, reicht es nicht aus, den Gegenspieler als schlechten Menschen darzustellen, der allein deshalb darauf erpicht ist, dem Helden übel mitzuspielen.

Dieser Punkt ist für Ihre Geschichte entscheidend. Sie sollten sich gründlich überlegen, welche Art von Mensch Ihr Gegenspieler ist. Was für eine Vergangenheit hat er? Gibt es eine frühere Beziehung zwischen Held und Gegenspieler? Oder einen Zankapfel, wie beispielsweise der Tante-Emma-Laden in ihrem Dorf, den beide Figuren gern übernommen hätten?

Es genügt also nicht, den Gegenspieler als unangenehmen Zeitgenossen darzustellen. Es reicht auch nicht aus, einfach zu behaupten, dass er den Helden schon immer gehasst habe. Sie sollten sich fragen, warum es für den Gegenspieler so wichtig ist, einen Sieg über den Helden davonzutragen. Warum sind ihm dazu alle Mittel recht? Fragen wie diese helfen Ihnen, glaubhafte Motive zu entwickeln.

Noch ein Hinweis: Auch wenn Sie logische Beweggründe für Ihre Figuren entwickeln, sollten Sie trotzdem nicht vergessen, dass eine Geschichte vor allem von Gefühlen lebt. Starke Emotionen führen oft dazu, dass wir kopflos handeln, also ohne unseren Verstand zu gebrauchen. Für Sie als AutorIn ist es wichtig zu verstehen, warum Ihre Figuren so und nicht anders agieren, auch wenn diese selbst keine Ahnung haben. Sie müssen beurteilen können, ob eine Person aus Eifersucht oder Hass handelt. Auch Ihr Bösewicht muss Ihnen vertrauter sein als einem Psychologen jeder seiner Patienten.

Welche Nebenfiguren spielen in Ihrer Geschichte eine Rolle? Wie viele Personen haben Sie geplant? Wer sind sie? Warum sind sie für die Geschichte wichtig?

8. Machen Sie einen Arbeitsplan

In einer Kurzgeschichte können Sie nicht einfach jede Figur unterbringen, die als Ihnen schillernd oder interessant erscheint. Auf Grund der Kürze dieses Mediums sollten Sie sich zunächst fragen, ob die Geschichte auch ohne diese Figur auskommen kann.

Nebenfiguren, von einem Taxifahrer oder Portier einmal abgesehen, müssen eine Funktion haben und die Handlung weiterbringen. Sie müssen entweder dem Protagonisten oder dem Antagonisten zur Seite stehen oder einer der Hauptfiguren wenigstens als Stichwortgeber dienen. Selbst eine wichtige Nebenfigur wie der potenzielle Liebhaber der Protagonistin ist zugleich ihr Vertrauter, Ratgeber oder aktiver Partner in der sich anbahnenden Auseinandersetzung mit dem Gegenspieler. Eine solche Figur ist aktiv und beeinflusst allein durch ihre Existenz die Gefühle und Gedanken der Hauptfigur. Sie ist außerdem notwendig für das Verständnis der Geschichte.

Nehmen Sie sich bitte diese Ratschläge zu Herzen und streichen Sie Figuren, die keine Funktion haben.

Für die Figuren, die den Test bestehen, sollten Sie Eigenschafts- und Merkmalkarten ausfüllen. Da Nebenfiguren oft nur kurz in Erscheinung treten und sich im Gegensatz zur Hauptfigur nicht entwickeln und entfalten können, ist es umso wichtiger, sie von vornherein mit einem Erkennungsmerkmal zu versehen. Lassen Sie sie beispielsweise ständig jammern oder wütend mit Sachen um sich werfen.

Was ist der zeitliche Rahmen Ihrer Geschichte? Ist die Handlung auf eine Stunde, einen Tag oder eine Woche beschränkt? Je enger Ihr zeitlicher Rahmen ist, desto besser. Denn bei jedem zeitlichen Sprung büßt das Geschehen etwas von seiner Spannung ein.

Der Hintergrund einer Kurzgeschichte kann durchaus längere Zeiträume umfassen. Möglicherweise wollen Sie den Höhepunkt einer Familienfehde, die schon Generationen währt, thematisieren. Falls nun Ihr erster Impuls Sie dazu verleitet, Monate oder sogar Jahre dieser Familiensaga nachzuvollziehen, dann müssen Sie sich bremsen. Denn eine Kurzgeschichte heißt nun einmal: sich kurz fassen und auf das Wesentliche beschränken.

Ein professioneller Autor beginnt seine Erzählung so spät wie möglich, also kurz bevor sich die Ereignisse zuspitzen. Er kürzt rigoros und versucht, seine Schilderung auf einen oder wenige entscheidende Tage zu reduzieren.

Zur Eingrenzung Ihrer erzählten Zeit sollten Sie ein paar Planungskarten ausfüllen. Machen Sie zwei Stapel: Der eine enthält Informationen zum Hintergrund der Fehde, die Sie aber nur in einem oder zwei Sätzen wiedergeben; der andere zwei oder drei Szenen, die Ihnen wichtig sind und die Sie in Ihrer Geschichte integrieren wollen. So werden Sie am ehesten entscheiden können, was wichtig oder unwichtig ist.

Wie (und wann) beginnt die Geschichte? Denken Sie daran: Moderne Leser sind ungeduldig. Der Anfang Ihrer Geschichte sollte also so fesselnd wie möglich sein. Beginnen Sie mit einer eskalierten Situation, einer Hauptfigur, die bereits unter Druck steht oder zumindest emotional stark involviert ist.

Wie (und wann) endet Ihre Geschichte? Wie soll der Höhepunkt der Geschichte aussehen? Wird es ein dramatischer Kampf auf Leben und Tod auf einem Hochhaus sein? Oder eine plötzliche Eingebung, hervorgerufen durch ein fallendes Blatt? Wo findet er statt? Wer ist anwesend? Warum? Was passiert genau? Wann passiert es? Und damit meine ich nicht nur den Tag und die Uhrzeit, sondern auch die seit dem Anfang der Geschichte vergangene Zeit. Wie gesagt, je näher Anfang und Schluss zeitlich zusammenliegen, desto spannender wird Ihre Geschichte sein.

Die Frage nach dem Schluss einer Geschichte erfordert sorgfältiges Abwägen. Vielleicht legen Sie eine Entscheidungskarte zum Thema »Schluss« an und beschreiben darauf in wenigen

Worten, wie Sie sich ihn vorstellen. In diese Kategorie könnten Sie weitere Karten einordnen, die das Ende präziser beschreiben und sich auf obige Fragen beziehen. Natürlich können Sie auch eigene Überlegungen und Fragen hinzufügen.

Abschließend machen Sie sich bitte noch Gedanken über die Bedeutung des Schlusses.

Vielleicht ist Ihren Hauptfiguren unklar, was der Ausgang der Geschichte für sie bedeutet. In manchen Geschichten besteht der Höhepunkt in einer Erkenntnis oder einer veränderten Gefühlslage. Dann sollten Sie die Bedeutung der Entwicklung, die dazu führte, hervorheben – also die bewusste Einsicht Ihrer Hauptfigur oder die neuen Emotionen, die sie jetzt beflügeln. In einem anderen Fall kann es sein, dass die Figuren ihre Ziele eindeutig erreichen, aber noch nicht wissen, wie sie mit der veränderten Situation umgehen sollen. Bei den meisten modernen Kurzgeschichten ist das Ende mehrdeutig.

Als AutorIn müssen Sie mehr wissen als Ihre Figuren. Sie müssen wissen, was der Schluss bedeutet und wie sich die Figuren fühlen. Außerdem müssen Sie im Voraus wissen, welche Gefühle Sie mit diesem Schluss bei Ihren Lesern wecken wollen – und natürlich, wie Sie das bewirken.

Beispielsweise bleibt Ihre Hauptfigur am Ende alleine zurück; sie trauert, ist aber entschlossen, nicht die Flinte ins Korn zu werfen. Ihre Karteikarten könnten dann wie folgt aussehen.

Hauptkarte: Schluss
Johanna steht allein im Wohnzimmer und blickt auf den Schnee draußen. Es ist Dienstag. Sie sieht ein Kind im Schnee spielen und weiß, dass sie nicht aufgeben darf.

Weitere Karten
1. Es ist vier Uhr nachmittags; gleich wird es dunkel. Seit dem Beginn der Geschichte sind 26 Stunden vergangen.

2. Sie ist allein; Theo ist fort.
3. Das Kind, das sie sieht, ist vier Jahre alt. In seinem Schneeanzug wirkt es wie ein kleiner Pummel; es lacht und spielt mit seinem Schlitten.
4. Ihr läuft eine Träne die Wange hinunter, aber dann sieht sie den kleinen Jungen als gutes Omen.
5. Sie beschließt, nicht aufzugeben und einen neuen Sinn in ihrem Leben zu finden. Sie denkt flüchtig an das, was in ihrem Leben positiv ist.
6. Mögliche Formulierung: »Sie sah, wie er den Abhang hinunterkullerte, und dann aufsprang. Ein kleines Pummelchen in einem schneebedeckten Anzug. Er weinte nicht. Sie wischte sich eine Träne von der Wange. Sie würde ebenfalls nicht weinen.«
7. Bedeutung: Johanna hat ihre Trauer überwunden. Wir müssen alle mit unserem Los fertig werden.

Ihre Karten können natürlich auch ganz anders aussehen.

Gibt es außer den Informationen zum Schauplatz noch weitere Fakten, die für Ihre Geschichte wichtig sind? Wenn ja, welche? Notieren Sie diese bitte auf Karteikarten. Wie informieren Sie sich darüber?

Können Sie mindestens zwei dramatische Szenen in Ihrer Geschichte unterbringen, in denen die Hauptfiguren aufeinander treffen. Wäre es Ihnen möglich, Ihre Geschichte zu einem Theaterstück umzuschreiben?

Diese Überprüfung der Planung Ihrer Geschichte ist deshalb angezeigt, weil leider in zu vielen Kurzgeschichten der innere Monolog dominiert und die Handlung dadurch zu kurz kommt. Die Selbstbeobachtung einer Hauptfigur kann in jeder Geschichte durchaus eine ausschlaggebende Rolle spielen, aber wenn es Ihnen gelingt, die Reflexionen dieser Figur in einer dramatischen

8. Machen Sie einen Arbeitsplan

Szene darzustellen, werden Ihre Leser von der Handlung eher mitgerissen.

Aus welchem Blickwinkel wird die Geschichte erzählt? Mit welcher Figur sollen sich Ihre LeserInnen identifizieren? Kann diese Figur in jeder Situation präsent sein, damit sie das Geschehen mit deren Augen sehen?

Die meisten modernen Kurzgeschichten werden aus der Perspektive einer der beteiligten Figuren erzählt. Natürlich kann man sich auch für einen allwissenden Erzähler entscheiden, aber die meisten Leser tun sich dann schwer, eine enge Beziehung zu einer der Figuren aufzubauen. Die Wirkung einer Geschichte ist am größten, wenn sie aus der Sicht einer Person geschildert wird.

Wahrscheinlich finden Sie es schwierig, ein und dieselbe Perspektive beizubehalten: »Jennifer weiß nichts von dem Schrottauto, aber die Leser müssen es wissen – also muss ich das jetzt aus Sicht der Polizei erzählen.« Oder: »Sandra weiß nicht, dass Tim ihr einen Brief schreibt, da sie ihn erst morgen bekommen wird, aber für die Leser wäre es von Vorteil, das jetzt zu erfahren.« In den meisten Fällen sind solche Überlegungen Trugschlüsse. Machen Sie sich klar: Was Sie als AutorIn sich ausgedacht haben, müssen die Leser mitnichten alles wissen. Tatsächlich wird eine Geschichte für die Leser glaubhafter, wenn ihr Wissensstand dem der Hauptfigur entspricht. Schließlich verhält es sich im wahren Leben nicht anders!

Sie sollten also dem Bedürfnis widerstehen, Ihren Lesern sämtliche Geheimnisse verraten zu wollen. Versuchen Sie, ohne Perspektivwechsel auszukommen; Ihre Geschichte wird dadurch spannender.

Der Frage, welche Ihrer Hauptfiguren den Standpunkt des Geschehens verkörpern, wer also die »erzählende« Hauptfigur sein soll, kommt also große Bedeutung zu. Wenn Sie sich nicht für eine Erzählperspektive entscheiden können, fragen Sie sich, mit welcher Figur sich Ihre Leser wohl am meisten identifizieren können. Welche Figur dürfte ihnen am sympathischsten sein? Anhand dieser Kriterien werden Sie gewiss schnell fündig! Überlegen Sie nun, wie Sie die persönliche Sichtweise dieser Figur herausarbeiten könnten, damit sie bei den Lesern Anklang findet.

Legen Sie schlechte Angewohnheiten ab

Es kann gut sein, dass es für Sie einen großen Aufwand bedeutet, all diese Fragen zu beantworten. Vielleicht aber auch sind Sie es schon gewohnt, alle hier angesprochenen Festlegungen zu treffen – im Vorhinein, aber ohne sie schriftlich zu fixieren. In beiden Fällen kann ich nur abermals an Sie appellieren, meine Verfahrensvorschläge zu beherzigen. Es wird sich auszahlen.

Wenn Sie sich bisher noch nie Fragen wie diese gestellt haben, dann sind Sie ein Autor mit schlechten Angewohnheiten oder doch zumindest ein unbedachter Autor. Auch dann, wenn Sie sich zu diesen Themen bereits Gedanken gemacht haben, aber noch nie systematisch vorgegangen sind, sollten Sie in sich gehen. Schlechte Angewohnheiten abzulegen, ist nicht leicht, aber es zahlt sich aus.

Nehmen Sie sich Zeit zur Beantwortung dieser Fragen. Sie werden feststellen, dass Ihnen die Karteikarten, die Sie zu jedem Themenkomplex ausgefüllt haben, zu einer klareren Vorstellung von Ihrer Geschichte verhelfen werden.

Zusammenfassung

Wenn Sie Ihre Geschichte problemlos niederschreiben wollen, sollten Sie wichtige Entscheidungen vorher treffen und diese auf Planungskarten festhalten.

Ihre schriftlich fixierten Prämissen und Entscheidungen sollten sich nicht widersprechen.

8. Machen Sie einen Arbeitsplan

Es ist kein Problem, wenn Sie zu dem Schluss kommen, dass die eine oder andere Karte noch einmal überarbeitet werden müsste. Den Entwurf einer Geschichte zu überarbeiten, ist viel mühevoller!

9
Letzte Kontrolle, bevor es losgeht

Zur Kontrolle:

✓ Haben Sie sämtliche Fragen aus Kapitel 8 beantwortet?
✓ Sind Sie mit Ihren Entscheidungen zufrieden?
✓ Mussten Sie einige Ihrer Karten überarbeiten?

Das letzte Kapitel war recht anstrengend. Sie mussten viele Fragen beantworten und bereits getroffene Entscheidungen überdenken.

Oft setzen uns solche Situationen unter Druck, und wir fühlen uns gehetzt.

Lassen Sie uns deshalb noch einmal in Ruhe die einzelnen Punkte durchgehen, damit keine Missverständnisse entstehen und Sie von diesem Buch so viel wie möglich profitieren.

Die Präzisierung Ihrer Geschichte

Sie erinnern sich bestimmt, dass Sie sich für einen Typ von Geschichte entscheiden sollten. Haben Sie Ihre Wahl getroffen und beispielsweise eine Liebes- oder eine Wildwestgeschichte ausgewählt? Selbst eine allgemeine Bezeichnung wie »psychologische Studie« genügt bereits.

Wenn Sie jedoch nur wissen, dass Sie eine Geschichte schreiben wollen, die in der Gegenwart spielt, dann sollten Sie noch einmal nachdenken. Mit einer so vagen Vorstellung von Ihrer zukünftigen Geschichte wissen Sie weder, wie Ihre weitere Planung aussehen soll, noch was Sie recherchieren müssen.

Denn: Je eindeutiger Sie Ihre Geschichte zuordnen können, desto besser können Sie sich auf deren Spezifika konzentrieren. Konkretisieren Sie beispielsweise Ihre Liebesgeschichte mit dem Zusatz: »für junge LeserInnen«. Dann können Sie gezielt über Figuren, Schauplatz und Handlungselemente nachdenken und Klischees vermeiden.

Bitte vergessen Sie nicht, Ihre Karteikarte zu korrigieren, nachdem Sie Ihre Geschichte eindeutig zugeordnet haben.

Auch andere wichtige Aspekte sollten Sie überprüfen: Passt beispielsweise die brutale Szene, an der Sie gerade arbeiten, wirklich in eine Liebesgeschichte? Lassen Sie uns nun weitergehen und auf die »Synthese« hinarbeiten, die wir in der ersten »Auszeit« vorgestellt haben.

Der Zusammenhang zwischen Schauplatz und Figuren

Ein Schauplatz ist weit mehr als ein konkreter Ort. Er ist eng verknüpft mit der Epoche, in der die Geschichte spielt. Ich habe bereits darauf hingewiesen, welch eine große Rolle der Zeitraum in einer Kurzgeschichte spielt. In einer historischen Geschichte erwarten Leser detaillierte Beschreibungen der damaligen Mode, Gewohnheiten und Bräuche, Transportmittel etc. In einer Geschichte, die 1968 in Westdeutschland spielt, werden zum Beispiel die politische Einstellung und die Autotypen erheblich von den heutigen abweichen. Überprüfen Sie daraufhin bitte noch einmal Ihren Schauplatz.

Schauplatz und Figuren müssen zueinander passen! Wenn Sie ein Krankenhaus als Schauplatz wählen, sollte Ihre Hauptfigur ein Arzt oder ein Krankenpfleger sein. Ein bestimmter Schauplatz gibt in der Regel eine bestimmte Hauptfigur vor. Jedenfalls sollten Ihre Figuren mit der von Ihnen gewählten Umgebung vertraut sein.

Ist das nicht der Fall, dann sollten Sie entweder den Schauplatz oder die Hauptfigur überdenken – es sei denn, dieses Missverhältnis ist für die Handlung entscheidend: Ein unschuldiger Mann findet sich beispielsweise im Hochsicherheitstrakt eines Gefängnisses wieder oder eine junge Frau aus München verirrt sich in den Anden.

Bitte überprüfen Sie in Ruhe Ihre Figuren- und Schauplatzkarten und ändern Sie sie, wenn Sie eine frühere Entscheidung revidieren wollen.

Die Wahl der Perspektive

Bei der Wahl Ihrer Hauptfigur haben Sie darauf geachtet, dass sie eine zentrale Rolle spielt und zur richtigen Zeit am richtigen Ort ist, da Sie die Geschichte aus ihrer Sicht erzählen wollen. Ich hoffe, dass Ihnen eine aktive Figur gelungen ist, da man nur schwer über jemanden schreiben kann, der sich bloß passiv verhält. Ihr Held sollte sich engagieren und für sein Glück kämpfen. Bitte überprüfen Sie daraufhin noch einmal Ihre Entscheidungskarten.

Haben Sie die richtige Figur für die Erzählperspektive gewählt? Eine Figur, die andere nur beobachtet und niemals selbst ins Geschehen eingreift, wäre für diese Rolle denkbar ungeeignet. Die meisten Experten sind sich einig darin, dass die Handlung aus der Sicht der Hauptfigur erzählt werden sollte, da sie am meisten in das Geschehen involviert ist. Selbst in einer Erkenntnisgeschichte sitzt die erzählende Hauptfigur nicht nur untätig herum.

Die Wahl des Ziels

Nehmen Sie sich nun noch einmal Ihre Karteikarten zum Thema »Ziele« vor.

Denken Sie daran, dass Sie das Ziel sowohl des Protagonisten als auch des Antagonisten definieren müssen. Wenn einer von beiden nicht engagiert auf sein Ziel hinarbeitet, büßt Ihre Geschichte an Spannung ein.

Der Wunsch, einfach nur glücklich zu sein, genügt nicht als Ziel. Sie sollten sich ein kurzfristiges Ziel ausdenken und dann darüber nachdenken, weshalb die Hauptfigur glücklich oder zumindest zufrieden wäre, wenn sie dieses Ziel erreichte.

Eine aktive Hauptfigur wird nicht nur von einem neuen Job träumen, sondern einen Schlachtplan entwerfen, um ihr Ziel zu erreichen. Das gilt sogar für die Figuren einer Erkenntnisgeschichte. Im wahren Leben lassen wir uns oft treiben und reagieren bestenfalls, aber in Prosatexten sollten die Figuren agieren und ihr eigenes Schicksal bestimmen.

Viele angehende Autoren versäumen es, für ihre Figuren einen Schlachtplan zu entwerfen. Sind Sie sich dieses Problems bewusst? Können Sie spontan eine Reihe von Schritten nennen, die Ihre Hauptfigur geplant hat, sei es bereits zu Beginn der Geschichte oder im weiteren Handlungsverlauf?

In der Kürze liegt die Würze

Sicher kennen Sie dieses Sprichwort. Was die Zeitspanne Ihrer Geschichte angeht, so sollten Sie es unbedingt beherzigen. Streichen Sie bitte rigoros alle Passagen, die frühere Ereignisse beschreiben. Je näher am Höhepunkt Ihre Geschichte einsetzt, desto besser!

Auch wenn Sie diesen Rat bisher ignoriert haben und eine Geschichte planen, die sich über Wochen, Monate oder sogar Jahre erstreckt, sollten Sie jetzt nicht die Flinte ins Korn werfen. Es gibt immer eine Möglichkeit, den Zeitraum einzugrenzen. Ihre LeserInnen werden es Ihnen danken, wenn sie von langatmigen Beschreibungen verschont bleiben und stattdessen einer spannenden Geschichte folgen können.

Weitere Recherchen

Überlegen Sie, welche Informationen Ihnen noch fehlen, und versuchen Sie, sie sich zu besorgen.

Sie könnten beispielsweise eine neue Kartei anlegen mit den Namen, Adressen und Telefonnummern von Leuten, Firmen, Institutionen und Agenturen, die über nützliche Informationen verfügen. Unterteilen Sie sie in allgemeine Themen, wie beispielsweise »Wetter«, und spezielle, wie Informationen zu Wissensgebieten, auf die Sie regelmäßig zurückgreifen. Da ich vor allem Thriller schreibe, habe ich mehrere Karteien zu Waffen, unterteilt in Handwaffen, Gewehre und Schrotflinten, automatische Waffen, Messer sowie eine Rubrik »Schwere Geschütze«, die unter anderem den Namen eines Mannes enthält, den ich anrufe, wenn ich Informationen über das Cockpit eines modernen Düsenjägers brauche.

Die Feinarbeit an den Szenen

Erinnern Sie sich an meinen Rat, auf langatmige Beschreibungen zugunsten von dramatischen Szenen zu verzichten? Ich hoffe, Sie haben ihn befolgt und verfügen inzwischen über einen Vorrat an Szenenkarten.

Die Bearbeitung von Szenen ist ein andauernder Prozess. Breiten Sie Ihre Karten vor sich auf dem Schreibtisch aus, ordnen Sie sie chronologisch, beschriften Sie weitere Karten mit Ideen zu den Übergängen zwischen den Szenen. Vielleicht verändern Sie auch die Reihefolge der Szenen, sei es um Spannung aufzubauen, sei es um etwas zu verdeutlichen, um eine Information zurückzuhalten oder eine Figur zu motivieren.

Geben Sie sich nicht mit Ihrem ersten Entwurf zufrieden. Verändern Sie die Abfolge der Szenen so lange, bis sie Ihnen ideal erscheint – auch wenn Sie Stunden dafür brauchen!

Bestimmt leuchtet Ihnen jetzt auch ein, warum ich anfangs auf Karteikarten bestanden habe: Sie lassen sich immer wieder neu ordnen, austauschen, ersetzen. Und während Sie sich damit beschäftigen, kommt Ihnen bestimmt der eine oder andere zündende Gedanke!

Die Zuordnung der Figuren

Als Nächstes könnten Sie einer Szenenkarte die entsprechende Figurenkarte zuordnen; falls der Antagonist in der zweiten Szene zum ersten Mal auftritt, legen Sie seine Karte zur Karte für die zweite Szene. Sie bekommen dadurch eine klarere Vorstellung von der Struktur Ihrer Geschichte und werden später weniger Probleme mit dem Schreiben haben.

Wenn es Bereiche gibt, mit denen Sie noch nicht ganz zufrieden sind oder denen Sie nicht genug Zeit gewidmet haben, dann sollten Sie dieses Versäumnis jetzt nachholen.

Zusammenfassung

Überprüfen Sie noch einmal Ihre bisherige Planung. Haben Sie auch nichts vergessen?

Wenn Sie mit Ihren Entscheidungen soweit zufrieden sind, sehen Sie sich Erzählfluss und die Struktur Ihrer Geschichte an, die sich langsam abzeichnen. Vor Ihnen liegen nun Szenenkarten in chronologischer Reihenfolge, denen jeweils Figuren- oder Recherchekarten zugeordnet sind.

Ihre Geschichte nimmt allmählich Gestalt an!

10
Die Gestaltung der Figuren

Zur Kontrolle:

✓ Haben Sie die Entscheidungen, die Sie in Kapitel 8 getroffen haben, noch einmal überprüft? Sammeln Sie auch immer noch Material für Ihre Schauplätze? Beobachten Sie Menschen in Ihrem Alltag und halten ihre auffälligsten Persönlichkeitsmerkmale auf Figurenkarten fest?
✓ Haben Sie beim Arrangieren und Neuordnen der Karten eine klarere Vorstellung von Ihrer Geschichte gewonnen?

Viele Leser möchten gern wissen, ob Autoren bei der Planung ihrer Geschichte zuerst mit den Figuren oder zuerst mit der Handlung beginnen. Diese Frage lässt sich schwer beantworten, da ein Handlungskonzept in der Regel bestimmte Figuren einschließt, während die Idee für eine Figur meist auch gewisse Handlungselemente beinhaltet. Anders ausgedrückt: Ein gelungener Handlungsentwurf enthält immer auch lebendige Figuren, und gelungene Figuren sind stets in eine Handlung eingebunden, die sie bis an die Grenzen fordert. In den beiden vorangegangenen Kapiteln haben wir die wesentlichen Elemente der Handlung festgelegt. Auch über die Figuren haben wir uns Gedanken gemacht. Doch nun ist es an der Zeit, sich die handelnden Personen genauer vorzunehmen und Methoden zu entwickeln, wie wir sie weiter vertiefen können, damit sie für den Leser lebendiger werden.

Dies ist der letzte wichtige Planungsschritt, ehe wir damit beginnen können, alle Elemente zu einem endgültigen Entwurf für Ihre Geschichte zusammenzufügen.

Der erste Eindruck

Unser Ziel ist es, lebendige Figuren zu entwickeln und sie in fesselnden Szenen miteinander agieren zu lassen. Bevor wir unsere »Landkarte« vervollständigen, lassen Sie uns noch einmal die wesentlichen Schritte unserer Figurenplanung rekapitulieren, um sie dann weiter zu vertiefen.

In Kapitel 4 haben Sie gute und schlechte Charakterzüge definiert. Um diese für den Leser sichtbar zu machen, haben Sie ihnen dann bestimmte äußere Merkmale oder auch Verhaltensweisen zugeordnet. Darüber hinaus hatten Sie Gelegenheit, Menschen im Alltag zu beobachten und Ihre Eindrücke in die Figurenplanung mit einfließen zu lassen.

Nun möchten wir überprüfen, ob Sie die Eigenschaften deutlich genug herausgearbeitet haben und ob die ausgewählten Erkennungsmerkmale diese wirklich verdeutlichen.

Nehmen wir einmal an, Sie hätten in Kapitel 4 für eine sympathische Figur die positive Eigenschaft »Freundlichkeit« ausgewählt und ihr die Verhaltensmerkmale »beschenkt ihre Freunde gern mit selbst gebackenem Kuchen« und »betreut in ihrer Freizeit alte Menschen« zugeordnet. So weit, so gut.

Um eine literarische Figur jedoch wirklich überzeugend zu gestalten, müssen wir ihre Persönlichkeit stärker herausarbeiten. Ein einzelnes Merkmal, das dieser Figur dann aufgeklebt wird wie ein Etikett, reicht nicht. Eine bestimmte Charaktereigenschaft sollte möglichst durch eine ganze Reihe einander entsprechender Merkmale, durch eine Merkmalgruppe, verdeutlicht werden.

So würde eine »freundliche« Frau beispielsweise nicht nur Kuchen backen oder alte Menschen betreuen, sondern sie würde auch ihrer bedrückten Freundin aufmunternd zulächeln oder ihr ermutigend auf den Rücken klopfen, obwohl sie ihre eigenen Sorgen hat. Sie könnte aber auch einem kranken Freund Gene-

10. Die Gestaltung der Figuren

sungswünsche schreiben oder jemandem einen Strauß Blumen schicken. Ebenso gut könnte sie sich mit einem kleinen Mädchen in der Nachbarschaft anfreunden oder eine herrenlose Katze bei sich aufnehmen. Sie könnte sogar *alle* diese Dinge tun.

Diese Erkennungsmerkmale sollten regelmäßig in die Handlung eingestreut werden. Um jedoch die Leser nicht mit Wiederholungen zu langweilen, verwenden Sie unterschiedliche Merkmalgruppen, die jedoch im Grunde dieselbe Eigenschaft verdeutlichen.

Holen Sie nun die Eigenschafts- und Merkmalkarten hervor, die anzulegen ich Ihnen in Kapitel 4 zur Aufgabe gemacht hatte. Wählen Sie mindestens drei Figuren aus, die Sie in Ihrer Geschichte verwenden möchten, und überlegen Sie sich zusätzliche Erkennungsmerkmale, die Sie zu Merkmalgruppen zusammenfassen. Notieren Sie diese auf neuen Karten, und heften Sie sie an die Originalkarten. Beschreiben Sie in Stichworten oder kurzen Sätzen jeden neuen Aspekt einer Merkmalgruppe, der die auf der Originalkarte festgelegten Eigenschaften weiter verdeutlicht.

Wie vergewissern Sie sich, dass Ihre zusätzlichen Erkennungsmerkmale und Merkmalgruppen optimal gewählt sind? Indem Sie sich eine Szene ausmalen, in der Ihre Figur zum ersten Mal in Erscheinung tritt, und zwar auf eine möglichst viel sagende, charakteristische Weise – selbst wenn dies nicht den geringsten Bezug zu Ihrer Handlung haben sollte. Beschreiben Sie diesen ersten Auftritt so knapp wie möglich. Versuchen Sie aber, ihn lebendig und fesselnd zu gestalten.

Stellen Sie sich nun die folgenden Fragen: Welchen Eindruck hinterlässt die Figur bei ihrem ersten Erscheinen? Oder anders ausgedrückt: Spiegelt ihre Art des Auftretens ihre Persönlichkeit wieder? Kommt in der Szene genau das zum Ausdruck, was Ihnen am stärksten auffallen würde, wenn Sie dieser Figur im wirklichen Leben begegneten? Tritt sie beispielsweise forsch und lebhaft auf oder schlurft sie mit hängenden Schultern auf die Szene, träge und kraftlos? Ist sie mit einem Fläschchen Rotwein unterwegs zu einer Freundin oder sitzt sie allein in ihrer Wohnung und hofft, dass niemand anruft, weil sie nur ihre Ruhe haben will?

Während also Erkennungsmerkmale dazu dienen, Charaktereigenschaften sichtbar zu machen, aus denen sich die gesamte Persönlichkeit der Figur zusammensetzt, spielt beim ersten Eindruck lediglich der auffälligste Charakterzug eine Rolle.

Es ist nicht ganz einfach, sich über den ersten Eindruck einer Figur klar zu werden. Aber er kann bei der Auswahl von Merkmalen und Merkmalgruppen äußerst hilfreich sein: Wenn Sie erst einmal genau wissen, welchen Eindruck eine Figur hinterlassen soll, stellt sich möglicherweise heraus, dass Sie zusätzliche Eigenschaften und entsprechende Erkennungsmerkmale benötigen, um den ersten Auftritt Ihrer Figur möglichst fesselnd und überzeugend zu gestalten.

Gehen Sie noch einmal Ihre Karten durch und schreiben Sie auf die zweite, die soeben angelegte Merkmalkarte jeder Figur, welchen Eindruck sie hinterlassen soll. Fassen Sie sich kurz. Verwenden Sie nicht mehr als drei oder vier Adjektive. Fahren Sie erst fort, wenn Sie diese Aufgabe erledigt haben.

Die Differenzierung der Figuren

Haben Sie Ihre Karten für mindestens drei (hoffentlich sogar mehr) Figuren überarbeitet und ergänzt? Gut. Dann machen wir weiter.

Als Nächstes werden Sie die Figuren, die Sie gerade geplant haben, miteinander vergleichen. Dabei ist darauf zu achten, dass sie einander nicht zu ähnlich sind. Gegensätze und Vielfalt sind gefragt.

Beantworten Sie also folgende Frage: Unterscheiden sich die auffälligsten Charakterzüge Ihrer Figuren deutlich genug voneinander? Eine Geschichte über drei »herzensgute Seelen« bietet sicherlich weit weniger Potenzial für eine dramatische Handlung als beispielsweise eine über ein Schlitzohr und einen Naivling.

Wenn Sie versehentlich zwei oder drei Figuren mit ähnlichen Eigenschaften und Erkennungsmerkmalen ausgestattet haben, besteht die Gefahr, dass Ihre Geschichte zu flach wird. Da die Figuren zu wenig Gegensätze aufweisen, wird es Ihnen schwer fallen, eine spannungsgeladene Handlung zu entwickeln.

Beachten Sie jedoch, dass sich die Persönlichkeiten, nicht die Lebensverhältnisse der Figuren unterscheiden müssen. Wenn Sie beispielsweise drei Personen erfunden haben, die alle aus demselben Ort stammen, Buchhalter von Beruf sind und im selben Büro arbeiten, ist dagegen nichts einzuwenden, sofern sie unterschiedliche Persönlichkeiten haben. Wenn es sich allerdings um einen alten Mann, eine junge Frau und ein altkluges Kind handelt, die alle drei nett und umgänglich sind, wird es wahrscheinlich wenig Konfliktstoff zwischen ihnen geben.

Nehmen Sie sich Ihre Karten noch einmal vor. Markieren Sie jeden wichtigen Charakterzug in Rot und jedes Erkennungsmerkmal oder jede Merkmalgruppe in Blau. Vergewissern Sie sich, dass Sie für jeden Charakterzug möglichst ausdrucksstarke Merkmale gefunden haben.

Suchen Sie nun eine bereits publizierte Kurzgeschichte heraus und markieren Sie nach obigem Schema die Eigenschaften und Merkmale der handelnden Personen. Was fällt Ihnen auf? Geht der Autor bei der Figurencharakterisierung ähnlich vor wie Sie?

Haben Sie für Ihre Figuren Merkmale und Merkmalgruppen gewählt, die sich deutlich voneinander abheben? Sind sie aussagekräftig und unverwechselbar? Machen sie unterschiedliche Persönlichkeitsstrukturen sichtbar? Haben Sie auch an äußere Merkmale, Angewohnheiten oder Marotten gedacht wie etwa nervöses Zucken oder zwanghaftes Fingerknacken? Oder auch an sprachliche Eigentümlichkeiten, wie die ständige Wiederholung bestimmter Redewendungen oder Wörter? Haben Sie die Lebensverhältnisse der Figuren berücksichtigt wie etwa die Wohnungseinrichtung, Kleidung, Automarke, Zeitungslektüre? Beachten Sie, dass Sie durch verschiedene Erkennungsmerkmale Ihren Figuren erheblich mehr Profil geben können.

Schließlich noch eine letzte, wichtige Frage: Haben Sie Ihren Figuren einen Namen gegeben? Falls nicht, sollten Sie dies jetzt nachholen. Falls ja, bedenken Sie, dass der Name einer Figur an sich schon ein starkes Merkmal sein kann. (»Möchte ich die alte Dame wirklich Tina nennen? Soll das Rauhbein in meiner Geschichte tatsächlich Toni heißen?«)

Sollten Sie irgendwelche Unstimmigkeiten in Bezug auf die Figurencharakterisierung entdecken, nehmen Sie sich jetzt die Zeit, sie zu beheben. Schieben Sie diese Arbeit nicht auf, denn später werden Sie Ihre ganz Energie für andere Aufgaben benötigen.

Die Rangordnung der Figuren

Vielleicht werden Sie einwenden: »Moment mal, ist das nicht übertrieben? Nicht alle Figuren sind doch für eine Geschichte gleich wichtig. Sie erfüllen unterschiedliche Funktionen. Einer Nebenfigur muss man sich daher nicht so intensiv widmen wie einer Hauptfigur.«

Das stimmt natürlich. Deshalb müssen Sie entscheiden, welche Figuren für die Geschichte am wichtigsten sind, um sich mit diesen dann am gründlichsten zu beschäftigen. Das bedeutet, dass Sie die Rolle jeder Figur und ihre Bedeutung für die Geschichte genau definieren müssen.

Dabei können Ihnen die Figurenkarten von Nutzen sein. Nehmen Sie sich die Karten vor, die Sie für eine bestimmte Figur zusammengestellt haben, und vergewissern Sie sich, dass sie die folgenden Grundinformationen enthalten – falls nicht, machen Sie die notwendigen Ergänzungen:

1. Name, Alter und kurze Biografie,
2. erster Eindruck und wichtigste Erkennungsmerkmale,
3. Ziel, Problem oder Bedürfnis, das die Figur antreibt,
4. Ort, Ereignis oder Handlung, die den ersten Auftritt der Figur charakterisiert,
5. Ort, Ereignis oder Handlung, die den letzten Auftritt der Figur charakterisiert,
6. kurze Beschreibung der äußeren Erscheinung, ganz unabhängig von den Erkennungsmerkmalen. Dabei kann es sich nur um Kennzeichen wie Größe, Gewicht oder Haarfarbe handeln.

Bei diesem Arbeitsschritt kommen Sie vielleicht auf neue Ideen. Gehen Sie ihnen nach. Verlieren Sie sich aber nicht. Ich habe Autoren erlebt, die von ihren Figuren so gefangen waren, dass sie zwanzig bis dreißig Seiten mit ermüdenden Charakterbeschreibungen füllten – weit mehr, als sie je in einer Kurzgeschichte verwenden konnten. Danach waren sie emotional so ausgelaugt, dass sie die Geschichte, die sie für diese Figur geplant hatten, nicht zu Ende brachten.

Auch wenn es Ihnen gelungen ist, die Beschreibung Ihrer Figur bewusst knapp zu halten, werden Sie überrascht feststellen, wie viel Sie bereits über sie wissen. Möglicherweise gibt es mehrere Figuren, die Sie gleichermaßen faszinierend finden. Das kann verwirrend sein. Denn jetzt geht es darum, dass Sie die Figuren nach ihrer Bedeutung für die Geschichte einordnen.

Dabei gehen Sie folgendermaßen vor.

In Kapitel 8 haben Sie bereits Ihre Figuren in Haupt- und Nebenpersonen unterteilt. Wir haben uns auch mit der Erzählperspektive beschäftigt, und Sie haben gelernt, dass die wichtigste Figur in Ihrer Geschichte diejenige ist, aus deren Perspektive die Handlung geschildert wird. Damit haben Sie schon die wesentlichen Grundlagen für die Rangfolge Ihrer Figuren gelegt. Gehen wir einen Schritt weiter.

10. Die Gestaltung der Figuren

Wenn wir die Geschichte aus der Perspektive der Hauptfigur erzählen, vermitteln wir das Geschehen durch deren Sinneseindrücke, Gedanken und Gefühle. Da jeder von uns sein Leben nur aus einer, nämlich der eigenen Perspektive erlebt, wirkt eine Geschichte mit einer einheitlichen Erzählperspektive wahrscheinlich am lebendigsten und überzeugendsten auf den Leser. Das Ziel oder Problem der erzählenden Hauptfigur steht im Zentrum der Handlung; ihr Schicksal liegt den Lesern am meisten am Herzen. Deshalb erfordert diese Figur die gründlichste Vorbereitung von allen. Ob wir sie nun Held oder Protagonist nennen: Wichtig ist, dass wir uns der Ausarbeitung dieser Figur besonders intensiv widmen.

Wie bereits erwähnt, ist in den meisten Prosawerken die zweitwichtigste Person jene, die den Held bekämpft oder ihm zumindest das Leben schwer macht. In einer Konfliktgeschichte bekämpft der Antagonist oder Bösewicht den Helden. In einer Erkenntnis- oder einer Entscheidungsgeschichte versucht er, dem Protagonisten Steine in den Weg legen, ihn in die Irre zu führen oder an einer wichtigen Entdeckung zu hindern. Wenn es in Ihrer Geschichte um Liebe oder eine enge Beziehung geht, könnte sich die Hierarchie der Figuren allerdings verschieben. Der Bösewicht oder Antagonist könnte an dritte Stelle rücken, während Sie die Beziehung zwischen der erzählenden Hauptfigur und ihrem Freund oder Geliebten intensiv beleuchten.

Die Einordnung der Figuren ist nicht immer einfach. Häufig rangiert eine geliebte Person an dritter Stelle hinter dem Antagonisten. Ebenso könnte eine Figur die Funktion eines wichtigen Vertrauten haben, den der Protagonist in seine geheimsten Gedanken, Ängste und Wünsche einweiht. Möglicherweise stellen Sie also fest, dass eine scheinbar nebensächliche Figur eine so wichtige Rolle spielt, dass Sie sich ihr eingehend widmen müssen.

In einer Kriminalgeschichte könnte ein Verdächtiger oder sogar ein falscher Verdächtiger auftreten, mit dem Sie die Leser verwirren und vom wahren Schuldigen ablenken wollen. Eine solche Figur könnte viel Raum einnehmen. Ebenso könnten Sie eine Person einbauen, die Verwirrung stiftet, kein Bösewicht oder Verdächtiger, sondern jemand, der allein schon durch seine Anwesenheit die Hauptperson in Schwierigkeiten bringt.

Sie könnten auch eine Figur entwerfen, die hauptsächlich als Gegenpol zu einer anderen fungiert. Man denke beispielsweise an die klassischen Komiker-Duos früherer Jahre wie vor allem Dick & Doof (Stan Laurel und Oliver Hardy) oder auch Don Camillo & Peppone (Fernandel und Gino Cervi). Auch wenn diese Beispiele ein wenig extrem sein mögen, zeigen sie doch, dass zwei gegensätzliche Figuren durch ihre Kontrastierung mehr Profil gewinnen können.

Im Bereich der Kurzprosa findet man allerdings selten reine Kontrastfiguren. Falls Sie mit einer solchen Figur arbeiten wollen, weisen Sie ihr möglichst eine wichtige Rolle in Ihrer Geschichte zu.

In jedem Fall sollten Sie sich über die Funktion Ihrer Figuren ausgiebig Gedanken machen und sie ihrer Bedeutung entsprechend einstufen. Die wichtigen Personen sollten Sie so sorgfältig wie möglich ausarbeiten. Bei den weniger Wichtigen genügen möglicherweise eine Charaktereigenschaft und ein Erkennungsmerkmal. Mit diesem Vorgehen ersparen Sie sich nicht nur unnötige Arbeit, sondern Sie vermeiden es auch, die Leser zu verwirren: Wenn Sie sich zu eingehend einer Nebenfigur widmen, gewinnen die Leser den Eindruck, dass dieser Person eine besondere Bedeutung zukommt (warum sonst sollte der Autor so viel Aufwand mit ihr treiben?), aber er wird irgendwann irritiert feststellen, dass dem nicht so ist.

Eine gewissenhafte Planung der Figuren macht sich auch auf andere Weise bezahlt: Sie hilft Ihnen, sich über die Beziehungen zwischen Ihren Figuren klar zu werden und damit auch über die Grundlagen Ihrer Handlung.

Das Selbstbild Ihrer Figuren

Als professioneller Autor sollten Sie bei der Ausarbeitung Ihrer Figuren allerdings noch einen Schritt weiter gehen und sich das in der zweiten »Auszeit« erläuterte Konzept des Lebensplans zunutze machen. Dafür benötigen Sie für jede Person, die Sie in Ihrer Geschichte verwenden möchten, eine weitere Karte.

Nehmen Sie eine Karte und schreiben Sie darauf: »Ich bin…« Lassen Sie nun Ihren Protagonisten den Satz vollenden. Die Selbsteinschätzung Ihrer Figur sollte nicht mehr als zwanzig Worte umfassen.

Viele Menschen, sei es im wirklichen Leben oder in der Literatur, definieren sich über ihren Beruf oder eine wichtige Aufgabe in ihrem Leben. So könnte beispielsweise Ihre Figur über sich aussagen: »Ich bin ein hervorragender Chirurg.« Bei einer anderen könnten Sie tiefer in die Gefühlswelt eindringen und schreiben: »Ich bin allein erziehende Mutter und sehr einsam.«

Es gibt aber auch Menschen – reale wie fiktive –, die sich allgemeiner beschreiben, beispielsweise: »Ich bin jemand, der immer sein Bestes gibt, dem aber selten etwas richtig gelingt.« Oder: »Ich bin im Großen und Ganzen ein zufriedener Mensch, der meist erreicht, was er will.«

Einige wenige scheuen sogar nicht vor Allgemeincharakterisierungen zurück, mit denen sie sehr viel über sich verraten. So formulierte einer meiner Kursteilnehmer beispielsweise die folgende Selbsteinschätzung: »Ich bin ein Versager.« Und irgendwann las eine andere Teilnehmerin von ihrer Karte ab: »Ich bin ein Glückspilz.« Was für Welten liegen zwischen der ersten, tieftraurigen und der zweiten, so lebensbejahenden Aussage!

Das Konzept des Lebensplans basiert auf der Theorie, dass Menschen ihr Leben nach ihrem Selbstbild ausrichten. Samuel Ichiyé Hayakawa schreibt in seinem Buch *Symbol, Status and Personality,* dass der Mensch hauptsächlich in der Vorstellung lebt, die er von sich hat. Wir legen uns ein Selbstbild zurecht und setzen alles daran, um ihm gerecht zu werden.

Mit anderen Worten, das Hauptziel in unserem Leben ist nicht die Selbsterhaltung, sondern die Erhaltung unseres Selbstbilds. Wir würden sogar unser Leben riskieren, um es zu bewahren. Warum sonst wirft sich ein Soldat auf eine Zeitzünderbombe und opfert sein Leben für Menschen, die er nicht einmal kennt? Oder um ein weniger drastisches Beispiel zu wählen: Warum gibt ein Hobby-Angler Jahr für Jahr Hunderte von Euro für seine Angelausrüstung aus, um Fische zu fangen, die nur ein Bruchteil dessen Wert sind? Oder: Warum stürzt sich jemand in hohe Schulden, um ein Auto zu kaufen, das er sich eigentlich gar nicht leisten kann – wenn nicht, um mit diesem teuren Auto sein Selbstbild zu untermauern? Oder warum wohnen manche Leute in einer Luxusvilla, während sich andere, die nicht weniger vermögend sind, in einem weit bescheideneren Heim wohl fühlen? Woran liegt es, dass sich manche Menschen buchstäblich zu Tode arbeiten, während andere die Zeit finden, sich zu entspannen und das Leben zu genießen? Warum sind manche Menschen zufrieden und andere nicht?

In diesen und vielen anderen Fällen geht es im Grunde darum, dass wir ein Selbstbild oder, um den Begriff aus der Transaktionsanalyse zu verwenden, einen Lebensplan entwickeln. Unser Fühlen, Denken, Handeln und unser Bedürfnis, uns mit bestimmten Dingen zu umgeben, wird von dem Ziel bestimmt, an unserem wertvollsten Besitz festzuhalten: unserem Selbstbild. Überlegen Sie einmal, wie oft sich Menschen in ganz zwanglosen Unterhaltungen selbst definieren, indem sie Aussagen machen wie: »Ich habe keinen Urlaub genommen, weil ich meinen Beruf liebe. So bin ich nun mal.« Oder: »Ich würde mich nie mit ihm treffen, weil ich genau weiß, was er will. Und ich bin nicht diese Art von Frau.« Oder: »Ich bin ein friedliebender Mensch. Ich muss nicht auf Biegen oder Brechen meinen Kopf durchsetzen.«

10. Die Gestaltung der Figuren

Diese Beispiele zeigen auch, dass unser Selbstbild nicht nur eine Art Leitfaden ist, nach dem wir unser Leben ausrichten, sondern auch eine Selbsteinschätzung, der wir uns durchaus bewusst sind. Wir müssen uns also nicht in die Tiefen der Freudschen Persönlichkeitstheorie begeben, wenn wir das Selbstbild einer Figur entwerfen. Mit dem Wissen, das wir bereits über ihre Persönlichkeit haben, können wir uns in sie hineinversetzen und beschreiben, wie sie sich selbst sieht.

Da sich also das Selbstbild einer Person auf ihre gesamte Persönlichkeit und ihr Verhalten auswirkt, ist es wichtig, dass Sie für jede Ihrer zentralen Figuren eine solche Selbsteinschätzung formulieren.

Um zu überprüfen, ob Sie das Konzept des Selbstbilds verstanden haben, nehmen Sie bitte eine neue Karte und überschreiben Sie sie mit »Aktivitäten und typische Gegenstände«. Schreiben Sie in die nächste Zeile: »Ich bin gerne in der Natur.« Notieren Sie nun darunter verschiedene Freizeitbeschäftigungen dieser Person und passende Gegenstände.

Nehmen Sie sich Zeit für diese kleine Übung. Ich werde ebenfalls eine Liste zusammenstellen.

* * *

Fertig? Gut. Ich auch.

Ich habe mir auf meiner Karte Folgendes notiert: *Zelten, Jagen, Angeln, Wandern.* Dementsprechend habe ich folgende Gegenstände aufgeführt: *Zelt, Angelausrüstung, Geländewagen, Gewehre, Hirschgeweih über dem Kamin.*

Obwohl Sie vom gleichen Selbstbild ausgegangen sind, haben Sie vermutlich völlig andere Begriffe aufgelistet. Vielleicht haben Sie an eine exotischere Umgebung gedacht und Aktivitäten wie Tauchen und Strandwanderungen ausgewählt. Möglicherweise ist Ihr Naturmensch aber auch ein passionierter Golfspieler oder Radfahrer.

Wie Sie sehen, gibt es also vielfältige Möglichkeiten, das Selbstbild einer Figur durch bestimmte Verhaltensweisen oder Gewohnheiten sichtbar zu machen. Ihr Naturmensch hat nicht die geringste Ähnlichkeit mit meinem. Jede Figur bleibt einzigartig und individuell, bleibt jedoch immer ihrem Selbstbild treu. Auf diese Weise können Sie die Persönlichkeiten Ihrer Figuren so vertiefen, dass sie noch interessanter und glaubwürdiger werden.

Zusammenfassung

Wenn Sie die Bedeutung Ihrer Figuren für Ihre Geschichte klären und sie nach ihrer Wichtigkeit einstufen, können Sie leichter feststellen, welche Figuren besonders sorgfältig ausgearbeitet werden müssen. Sie sollten die Hauptfiguren mit mehr als einem Charakterzug und einem Erkennungsmerkmal ausstatten. Entwerfen Sie Merkmalgruppen und setzen Sie sie wiederholt ein.

Für die zentralen Figuren Ihrer Geschichte müssen Sie höchstwahrscheinlich zusätzliche Karten ausfüllen.

Das Konzept des Selbstbilds ist ein wichtiges Hilfsmittel, um die Persönlichkeit einer Figur abzurunden. Indem Sie weitere interessante Merkmale entwerfen, die ihr Selbstverständnis sichtbar machen, schaffen Sie eine lebendigere und überzeugendere Figur.

Bevor Sie mit dem nächsten Kapitel beginnen, sollten Sie zunächst alle erforderlichen Karten für ihre Hauptfiguren ausfüllen. Denn wir stehen kurz davor, alle Elemente zu einem Gesamtkonzept zu vereinen.

11
Der nächste Schritt im Arbeitsplan

Zur Kontrolle:
- ✓ Haben Sie für alle zentralen Figuren ein Selbstbild entwickelt?
- ✓ Führen Sie Ihre Recherchen fort?
- ✓ Beobachten Sie die Menschen in Ihrer Umgebung und notieren Sie sich Ihre Eindrücke?
- ✓ Haben Sie die Erkenntnisse über Ihre eigene Arbeit und die über bereits veröffentlichte Kurzgeschichten in Ihrem Journal festgehalten?

In diesem Kapitel werden wir uns eingehender mit dem Handlungsentwurf, dem Plot, beschäftigen.

Wenn Sie eine Geschichte lesen, deren Tempo und Spannung Sie mitreißt, dann können Sie sicher sein, dass der Autor oder die Autorin dies genau geplant hat. Nur eine sorgfältig durchstrukturierte Handlung erzeugt zum gewünschten Zeitpunkt die gewünschte emotionale Reaktion. Aber wie gelingt das? Wie entwickeln Sie für die Geschichte, die Sie gerade planen, einen Handlungsablauf, der die Leser fesselt?

Lassen Sie mich zunächst ein weit verbreitetes Missverständnis ausräumen: Ein Handlungsentwurf ist kein starres Gerüst. Es gibt keine allgemein gültige Formel, an die sich der Autor halten kann, jede Geschichte folgt ihrem eigenen Handlungsschema.

Eine Handlung muss dynamisch entwickelt werden. Dabei gilt es, das Material zu sichten und es so zu strukturieren, dass die Geschichte den Leser von Anfang an gefangen nimmt und bis zum Ende fesselt. Die Leser denken, fühlen und fiebern mit, bis sie die Geschichte schließlich mit einem Gefühl der Befriedigung aus der Hand legen.

Auch wenn es Ihnen vielleicht nicht bewusst war, so haben Sie bei Ihrer bisherigen Planung bereits wesentliche Vorarbeiten für Ihren Handlungsentwurf geleistet. Bei der Ausarbeitung Ihrer Figuren in Kapitel 10 haben Sie zum Beispiel bereits einige wichtige Entscheidungen über den Schauplatz, die Probleme, mit denen Ihre Figuren konfrontiert sein könnten, einige Handlungselemente und sogar den Schluss Ihrer Geschichte getroffen. Sie haben ebenfalls schon entschieden, wer die erzählende Hauptfigur sein wird und damit den Rahmen dessen eingeschränkt, was Sie schildern können. Wahrscheinlich haben Sie sogar bereits eine gewisse Vorstellung von den emotionalen Erfahrungen der erzählenden Hauptfigur.

Bei Ihren aktuellen Recherchen haben Sie zwangsläufig bestimmte Themen für Ihre Handlung ausgeschlossen. Das ist nur von Vorteil, denn so gewinnen Sie eine klarere Vorstellung von Ihrer Geschichte. Indem Sie beispielsweise in einem modernen Krankenhaus recherchiert, also sich mit Ärzten und Krankenschwestern unterhalten haben, haben Sie sich automatisch gegen eine Großwildjagd, einen Mondflug oder einen Mordprozess als Thema entschieden. Und mit diesen Vorentscheidungen haben Sie bereits weitere Weichen gestellt, etwa hinsichtlich der Zeitspanne Ihrer Geschichte, ihres ungefähren Umfangs, des Erzähltempos, ihres Anteils an dramatischem Geschehen, an Dialogen und introspektiven Passagen und vieles mehr. Nun lassen Sie uns aber einen Schritt weiter gehen.

Die zentrale Frage

Sie werden sich schon Gedanken darüber gemacht haben, welche Frage oder welches Problem Ihre LeserInnen am meisten beschäftigen soll.

11. Der nächste Schritt im Arbeitsplan

In jeder Geschichte wird eine zentrale Frage aufgeworfen, die die Handlung wie ein roter Faden durchzieht und die Leser bis zum Schluss nicht mehr loslässt.

Haben Sie sich schon entschieden, was Ihre zentrale Frage sein soll?

Die zentrale Frage einer Geschichte dreht sich immer darum, ob die Hauptfigur im Laufe der Handlung ihr Ziel erreicht oder ihr Problem löst. Am Anfang der Geschichte sollten die Leser in das Ziel oder Problem der Figur eingeweiht werden, damit ihr Interesse geweckt wird. Im weiteren Verlauf der Handlung sollten Ereignisse geschildert werden, die mit der Erreichung des Ziels in Zusammenhang stehen; und am Schluss muss die Spannung aufgelöst werden.

Anders ausgedrückt: Die Geschichte beginnt mit einer Frage; dann werden Versuche geschildert, eine Antwort auf diese Frage zu finden, und zum Schluss wird sie schließlich beantwortet.

Die zentrale Frage kann sich um alles drehen, was mit dem Selbstbild der Figur oder ihrer Suche nach Glück zusammenhängt, beispielsweise:

- Wird David eine bessere Arbeit finden?
- Wird Max das Matterhorn bezwingen?
- Werden Martin und Barbara sich zusammenraufen?
- Wird Jennifer ihre Angstzustände überwinden können?
- Wird Robert herausfinden, wer Mark ermordet hat?
- Wird Connie einen Halt im Leben finden?
- Wird Sonja hinter der verschlossenen Tür etwas Schreckliches entdecken?
- Wird Emma herausfinden, was es mit dem unheimlichen blauen Licht hinter dem Fenster auf sich hat?
- Wird sich Frank mit seinem nachtragenden Vater versöhnen?

Wie Sie sehen, tut sich hier eine erstaunliche Vielzahl an Möglichkeiten auf – ein Indiz dafür, dass sich beinahe aus jeder Handlungsidee eine zentrale Frage entwickeln lässt. So unterschiedlich die Fragen auch sind, so haben sie aber eines gemeinsam: Sie können alle beantwortet werden.

Auch wenn keine der obigen Fragen abstrakter oder gar philosophischer Natur ist, können bei der Suche nach einer Antwort abstrakte Ideen oder Weltanschauungen durchaus eine Rolle spielen. Eine Geschichte über Robert, der Marks Mörder sucht, könnte beispielsweise etwas über den Wert von Freundschaft, Loyalität und Zähigkeit aussagen. Die Frage selbst sollte jedoch nicht zu allgemein oder vage sein. Die Leser möchten genau wissen, vor welchem Problem die Hauptfigur steht und wie und ob sie es am Ende löst – nicht mehr und nicht weniger.

Deshalb genügt es nicht, wenn Sie am Anfang Ihrer Geschichte eine Figur, einen Schauplatz oder ein Problem schildern. Sie müssen den Lesern die zentrale Frage präsentieren und zwar möglichst klar und konkret. Und Sie müssen sie beantworten können.

Ebenso muss sich der Hauptteil der Handlung in irgendeiner Form auf die Frage beziehen. Sie können beispielsweise nicht mit der Frage in die Geschichte einsteigen, ob jemand das Matterhorn bezwingen wird, und sich dann in Ausführungen über Orchideenzucht verlieren.

Und am Schluss müssen Sie die anfangs gestellte Frage auch beantworten. Wenn die zentrale Frage beispielsweise lautet: Wird David eine bessere Arbeit finden?, dann darf Ihre Geschichte am Ende nicht auf etwas hinauslaufen wie: »Also, ich weiß zwar nicht, ob er einen besseren Job gefunden hat, aber er hat eine Therapie angefangen.« Oder: »Ich habe zwar nichts über Davids Stellensuche erzählt, aber dafür hat er eine nette Frau kennen gelernt.«

Sie dürfen Ihren LeserInnen nichts vormachen. Spielen Sie mit offenen Karten. Ihre Leser werden sich nur mit einer eindeutigen Antwort zufrieden geben. Wenn Sie ihre Erwartungen enttäuschen, werden sie Ihre Geschichte in den Papierkorb werfen.

Wenn Sie Ihre zentrale Frage genau kennen, wird es Ihnen viel leichter fallen, eine stringente Geschichte zu entwickeln. Deshalb müssen Sie sich intensiv mit der zentralen Frage befassen.

Dazu benötigen Sie wieder eine Karte. Notieren Sie in möglichst knapper Form Ihre zentrale Frage. Achten Sie darauf, dass es wirklich eine Frage ist und dass sie sich eindeutig beantworten lässt. Schreiben Sie dann auf dieselbe Karte Ihre Antwort. Vergewissern Sie sich, dass sie sich direkt auf Ihre Frage bezieht.

Wenn Sie noch nie mit dieser Methode gearbeitet haben – oder wenn Sie zu viele Handlungselemente und Figuren im Kopf haben, die nicht recht zusammenpassen –, fällt Ihnen diese Aufgabe sicher nicht leicht. Nehmen Sie sich so viel Zeit, wie Sie benötigen, um Frage und Antwort so klar und konkret wie möglich zu formulieren.

Bedenken Sie, dass eine vage Frage Ihnen bei der Entwicklung Ihrer Handlung zu wenig Orientierung bietet. Und eine vage Antwort am Schluss der Geschichte wird Ihre Leser bitter enttäuschen und damit der gesamten Geschichte schaden.

Wenn Sie Frage und Antwort möglichst prägnant formuliert haben, nehmen Sie zwei weitere Karten zur Hand. Schreiben Sie auf die eine in Großbuchstaben die Frage, auf die andere die Antwort. Befestigen Sie dann die beiden Karten in Sichthöhe an Ihrem Arbeitsplatz. Sie sind die wichtigste Grundlage für Ihren Handlungsentwurf.

Der Aufbau einer gelungenen Handlung

Wenn Sie sich über die zentrale Frage (Punkt A) und die Antwort darauf (Punkt B) im Klaren sind, stehen Sie allerdings vor einem weiteren Problem: Wie kommen Sie am besten von A nach B?

Die Lösung des Problems hängt eng mit dem dynamischen Prozess des Schreibens zusammen: Sie entwickeln eine Struktur, die die Geschichte zusammenhält und zugleich die Leser fesselt.

Einfach ausgedrückt: Sie gelangen von A nach B, indem Sie eine Reihe von Szenen entwerfen. Diese werden dann durch Sequenzen logisch miteinander verknüpft.

Was sind Szenen und Sequenzen? Darüber habe ich ein ganzes Buch geschrieben *(Scene and Structure)*, dessen wichtigste Aspekte ich Ihnen jetzt erläutern möchte.

Eine Szene ist ein Strukturelement, das einen kleinen Ausschnitt der Handlung übermittelt. Die Handlung läuft wie auf einer Bühne im »Hier und Jetzt« ab. Die Figuren, die vor den Augen der Leser agieren, versuchen ihrem Ziel bzw. der Antwort auf die zentrale Frage näher zu kommen. Der Reiz einer Szene liegt in ihrer Unmittelbarkeit und den Konflikten oder Problemen, die in ihr geschildert werden. Eine Szene hat eine bestimmte Form, auf die ich gleich eingehen werde.

Eine Sequenz ist ein Strukturelement, das komprimierte Informationen darüber enthält, wie die Hauptfigur von einer Szene zur nächsten gelangt. Sie übermittelt die Gefühle und Gedanken der Figur, die auf ihrer Suche nach einer Antwort auf die zentrale Frage ihre nächsten Schritte plant. Auch die Sequenz hat eine bestimmte Form.

Die Szene

Auf jede Szene folgt eine längere oder kürzere Sequenz, in der die Gefühle und Gedanken der erzählenden Hauptfigur beleuchtet werden, ehe sie zur nächsten Szene überwechselt. Manche Szenen können ruhig wirken, andere hoch dramatisch. Auf jeden Fall sind sie durch irgendeine Art des *Konflikts* gekennzeichnet.

Manche Szenen können einen so eindeutigen Schluss haben, dass es nicht nötig ist, die Leser mit Hilfe einer Sequenz auf die nächste Szene vorzubereiten. Wenn beispielsweise die erzählende Hauptfigur bei einem dramatischen Zweikampf in einen reißenden Fluss stürzt, ist es offensichtlich, dass sie sich einer neuen Herausforderung (ihr Leben zu retten) und einem neuen Gegner

11. Der nächste Schritt im Arbeitsplan

(dem Fluss) stellen muss. Doch auch wenn Inhalt oder Tempo einer Szene eine überleitende Sequenz überflüssig macht, sollte man sich genau überlegen, was die Figur in der gegebenen Situation denkt und fühlt.

Eine Kurzgeschichte kann mit einer oder zwei Szenen auskommen, ein Roman hingegen enthält einige Hundert. In einer dramatischen Geschichte kann sich Szene an Szene reihen, ohne dass viel Zeit für die Selbstreflexion der Figuren bleibt. In einer kontemplativen Geschichte dagegen sind die Szenen oft kurz, während in langen Sequenzen die Gefühle und Gedanken der Figuren minuziös ausgeleuchtet werden.

Folglich kann die Art Ihrer Geschichte darüber entscheiden, ob Sie lange Szenen und kurze Sequenzen entwerfen oder umgekehrt. Dies ist ein weiterer Grund, weshalb ich Ihnen bereits nahe gelegt habe, sich darüber klar zu werden, welche Art von Geschichte Sie schreiben wollen. Denn dies wird in aller Regel den Aufbau Ihrer Geschichte maßgeblich beeinflussen.

Jede Szene ist auf ein unmittelbares Ziel ausgerichtet, das die erzählende Hauptfigur *sofort* erreichen will. Dieses Ziel oder Problem muss den Lesern so deutlich wie möglich gemacht werden, damit sie nachvollziehen können, worauf die Figur hinaus will. Sobald die Leser dies wissen, können sie sich mit dem Anliegen der Figur identifizieren und verfolgen gespannt, ob diese das Szenenziel erreicht. Auf diese Weise wird eine Spannung aufgebaut, die die Leser über viele Szenen hinweg gefangen hält.

Nachdem man den Lesern das Szenenziel möglichst klar vermittelt hat – meist, indem man den Protagonisten darüber nachdenken oder es einfach laut aussprechen lässt –, sollte irgendeine Art von Kampf oder Konflikt folgen. Nur so bleibt die Spannung erhalten. Eine Hauptfigur, die ein kurzfristiges Ziel ins Auge fasst, um ihrem Fernziel einen entscheidenden Schritt näher zu kommen, und dies auch im Handumdrehen schafft, bietet für die Leser wenig Aufregendes.

Um also die Spannung bei den Lesern nicht abreißen zu lassen, dürfen Sie es Ihrer Hauptfigur nicht zu leicht machen. Die Handlung muss unweigerlich auf einen Konflikt zusteuern. Normalerweise findet er zwischen Protagonist und Antagonist statt; aber er kann sich durchaus auch nur im Kopf der erzählenden Hauptfigur abspielen, die von widerstreitenden Impulsen hin- und hergerissen ist.

Ich persönlich ziehe den äußeren Konflikt vor. Er ist nicht nur weitaus dramatischer, sondern die Leser werden auch stärker in das Geschehen mit einbezogen. Außerdem ist es einfacher, eine Szene zu beenden, wenn ein richtiger Konflikt stattgefunden hat.

Wie beendet man eine Szene? Aus dem Szenenziel, das Sie am Anfang Ihrer Szene definiert haben, ergibt sich für die Leser automatisch die Frage, ob die Figur es auch erreicht. Also müssen Sie am Ende der Szene genau diese Frage beantworten – so wie Sie am Schluss der gesamten Geschichte Ihre zentrale Frage beantworten müssen.

Die Antwort am Schluss der Szene (vorausgesetzt, es ist nicht die letzte Szene der Geschichte) sollte in der Regel einen Rückschlag oder eine böse Überraschung für den Helden beinhalten. Gelegentlich kann die Hauptfigur am Ende der Szene auch einen Teilerfolg oder einen kleinen Fortschritt erringen, aber mehr nicht. Warum? Weil bei einem positiven Ausgang, bei dem für die Figur alles reibungslos verläuft, das Interesse des Lesers sofort nachlässt.

Darüber hinaus werden sich die Leser mit einer Figur, die mehr Glück als Verstand hat und der alles in den Schoß fällt, nicht besonders stark identifizieren. Aber wenn Sie zeigen, wie diese Figur um ihr Glück kämpft, wie sie Rückschläge erleidet, sich wieder aufrappelt und weiter kämpft, werden die Leser diese Figur bewundern und ins Herz schließen.

Kurz, wenn der Protagonist am Ende einer Szene eine Niederlage erleidet, ist es für Sie viel leichter, bei Ihren Lesern Anteilnahme und gespannte Neugier zu wecken.

Nehmen wir also einmal an, Sie hätten eine Szene entworfen, in der eine Figur etwas sofort erreichen will, um ihrem Fernziel einen Schritt näher zu kommen. Nehmen wir weiter an, Sie lassen es in dieser Szene zu einer erbitterten Konfrontation zwischen dem Helden und seinem Gegenspieler kommen, bei der Ihr Protagonist schließlich eine schwere Niederlage einstecken muss.

Das ist alles wunderbar! Aber wie gelangt Ihr Held in die nächste Szene?

Die Sequenz

Wie bereits erwähnt, kann gelegentlich der nächste Schritt des Helden so offensichtlich sein oder sich die Situation so zuspitzen, dass es nicht nötig ist, in einer überleitenden Sequenz die emotionalen Reaktionen oder Gedanken der Figur zu schildern. In den meisten Fällen jedoch müssen Sie den Lesern vermitteln, wie Ihre Figur auf die Situation reagiert, und den Entschluss plausibel machen, der sie zur nächsten Szene führt.

Um den Unterschied zwischen einer Szene und einer Sequenz deutlich zu machen, lassen Sie mich noch einmal wiederholen: Das klassische Muster einer Szene ist: Ziel – Konflikt – Niederlage. Das klassische Muster einer Sequenz ist: Gefühl – Gedanke – Entschluss.

Wie viel Raum sollten Sie den Gefühlen und Gedanken Ihrer Figur geben? Das hängt davon ab, welche Art von Geschichte Sie schreiben wollen und was Ihre persönlichen Vorlieben sind. Wenn Sie sich für eine Charakterstudie entschieden haben und es Ihnen liegt, Gefühlszustände und Gedanken zu schildern, dann können Sie sogar sehr lange Sequenzen entwerfen. Wenn Sie allerdings eine klassische Wildwestgeschichte schreiben und Actionszenen Ihre Stärke sind, dann deuten Sie in Ihrer Sequenz nur knapp das Ohnmachtsgefühl Ihres Helden an, nachdem er vom Pferd gefallen ist und nun die Schießeisen der gegnerischen Bande auf sich gerichtet sieht.

Lange Szenen und kurze Sequenzen erzeugen in der Regel eine temporeiche Geschichte. Mit kurzen Szenen und langen Sequenzen erzielt man den gegenteiligen Effekt: Die Handlung läuft verlangsamt ab. Szenenbetonte Geschichten basieren auf dramatischem Geschehen, sequenzbetonte auf Gedanken und Gefühlen.

Doch ganz gleich, welche Art von Geschichte Sie planen und welche Vorlieben Sie haben, es wird Ihnen viel leichter fallen, eine stringente und fesselnde Handlung zu entwickeln, wenn Sie zunächst einmal sämtliche Szenen und Sequenzen sorgfältig ausarbeiten. Genau dies sollen Sie im nächsten Arbeitsschritt tun. Dafür benötigen Sie weitere Planungskarten, in diesem Fall Szenen- und Sequenzkarten.

Die Planung von Szenen und Sequenzen

Schreiben Sie in die oberste Zeile Ihrer Karte *Szene 1*. Schreiben Sie darunter *Erzählperspektive* und tragen Sie den Namen der Figur ein, aus deren Sicht die erste Szene der Geschichte geschildert werden soll.

Tragen Sie in die nächste Zeile das Stichwort *Ziel* ein. Beschreiben Sie mit maximal zehn Worten, was Ihre erzählende Hauptfigur in der Szene erreichen will.

Schreiben Sie in die Zeile darunter *Problem*. Formulieren Sie dann so knapp wie möglich das Hauptproblem Ihrer Figur. In den meisten Fällen wird es sich dabei um den Antagonisten oder eine andere Person handeln, die den Protagonisten aktiv bekämpft und zu verhindern versucht, dass dieser sein Ziel erreicht. Manchmal können es aber auch irgendwelche Widrigkeiten sein, etwa ein Gewitter oder sogar die vorübergehende Orientierungslosigkeit der Hauptfigur.

11. Der nächste Schritt im Arbeitsplan

In die nächste Zeile tragen Sie dann bitte das Stichwort *Konflikt* ein. Umreißen Sie kurz, auf welche Weise der Antagonist (oder eben ein Gewitter oder andere Hindernisse) den Protagonisten an der Erreichung seines Ziels hindert. Beschreiben Sie in sechs bis acht Schritten, wie sich der Konflikt abspielt, beispielsweise: »Thomas öffnet seine Bürotür nicht ... tut es dann doch, händigt aber die Unterlagen nicht aus ... behauptet, sie seien streng vertraulich ... versucht dem Helden die falschen Unterlagen anzudrehen ... tischt ihm weitere Lügen auf.«

Zum Schluss schreiben Sie noch das Stichwort *Niederlage* auf Ihre Karte – notfalls auch auf die Rückseite, wenn der Platz nicht reicht. Schildern Sie dann mit höchstens zehn Worten, durch welche verhängnisvollen Umstände der Held noch weiter hinter sein Ziel zurückgeworfen wird, als er es am Anfang der Szene war.

Noch eine kleine Anmerkung: Ich habe Sie nicht nur aus Platzgründen darum gebeten, das Ziel Ihrer Figur mit maximal zehn Worten zu beschreiben. Es ging mir auch darum, dass Sie jedes Szenenziel auf das Wesentliche reduzieren. Dann kann es Ihnen beim Schreiben der Szene als wichtige Orientierungshilfe dienen, denn der Konflikt muss sich schließlich um dieses Ziel drehen.

Beachten Sie auch, dass sich das Ziel *dieser* Szene von dem der nächsten unterscheidet. Wenn der Held von Szene zu Szene ein und dasselbe Ziel verfolgt, wenden sich die Leser alsbald gelangweilt ab. Außerdem darf das Szenenziel nicht mit dem Ziel der ganzen Geschichte identisch sein. Denken Sie daran, dass jede neue Szene für den Helden eine Zwischenetappe auf dem Weg zu seinem Fernziel ist – zumindest hofft er das.

Lassen Sie mich nun näher auf die »verhängnisvollen Umstände« eingehen, an denen der Protagonist vorerst scheitert. Die Niederlage oder der Rückschlag sollte die logische, wenn auch unerwartete Folge des zuvor geschilderten Konflikts sein. (Wenn sich beispielsweise Thomas und Michael über die fraglichen

11. Der nächste Schritt im Arbeitsplan

Unterlagen streiten, können Sie unmöglich eine Person auftreten lassen, die ins Zimmer stürzt und Thomas eröffnet, dass gerade seine Mutter gestorben ist. Das sind Verlegenheitslösungen, die Ihre Leser sofort durchschauen.) Anders ausgedrückt: Die Niederlage muss indirekt durch den Protagonisten herbeigeführt werden, denn der dramatische Effekt wird gerade dadurch erzielt, dass der Held alles versucht, um sein Ziel zu erreichen, um letztlich doch zu scheitern. Am Ende der Szene steckt er noch tiefer im Schlamassel als zuvor.

Indem wir die Niederlage direkt aus dem Konflikt heraus entstehen lassen, stellen wir zum einen sicher, dass sich die Handlung logisch (wenn auch überraschend) entwickelt, zum anderen, dass die Leser mit dem Helden, den sie für seine Hartnäckigkeit bewundern, mitfühlen.

Nachdem Sie Ihre erste Szenenkarte entworfen haben, wissen Sie wahrscheinlich schon, wie zumindest einige der nachfolgenden Szenen aussehen sollen. Füllen Sie deshalb bitte für jede weitere Szene eine Karte nach obigem Schema aus. Lesen Sie erst weiter, wenn Sie diese wichtigen Arbeitsschritte erledigt haben.

* * *

Sobald Sie Ihre Szenen entworfen haben, können Sie Ihre Sequenzen planen. Dazu legen Sie Sequenzkarten an, die Ihnen helfen, den logischen Ablauf und die Gefühlswelt der Figuren im Blick zu behalten.

Da immer zwei Szenen durch eine Sequenz verbunden werden, müssen Sie entsprechend viele Sequenzkarten ausfüllen, die Sie dann jeweils zwischen zwei Szenenkarten legen. Im Idealfall haben Sie zum Schluss eine Kartenreihe vor sich liegen, die mit dem Höhepunkt Ihrer Geschichte abschließt.

Nehmen Sie sich also eine neue Karte und schreiben Sie in die oberste Zeile *Sequenz 1*.

In die nächste Zeile tragen Sie das Wort *Gefühle* ein. Skizzieren

11. Der nächste Schritt im Arbeitsplan

Sie mit etwa zehn Worten, die Empfindungen, die die Niederlage in der vorangegangenen Szene in Ihrer Figur ausgelöst hat.

Schreiben Sie dann in die nächste Zeile das Wort *Gedanken*. Schildern Sie kurz die Gedanken und möglichen Vorsätze oder Pläne Ihrer Figur, nachdem sie ihre erste emotionale Reaktion wie Schock, Angst oder Wut überwunden hat.

In die Zeile darunter tragen Sie dann das Wort *Entschluss* ein. Umreißen Sie, welchen Entschluss Ihre Figur fasst, um zu dem Ziel zu gelangen, das auf der nachfolgenden Szenenkarte formuliert ist.

Beachten Sie bitte, dass Ihre Figur möglicherweise verwirrt oder ratlos ist und verschiedenste Handlungsmöglichkeiten in Betracht ziehen kann, ehe sie einen endgültigen Entschluss fasst. Während Ihr Held hin- und herüberlegt und sich gedanklich seinem nächsten Ziel annähert, plant er im Grunde den Fortgang *Ihrer* Geschichte. Ich frage mich beim Schreiben deshalb selten: »Was lasse ich als Nächstes geschehen?«, sondern versetze mich in meine Hauptfigur hinein und lasse sie die Entscheidung treffen. (Ich muss lediglich darauf achten, dass dieser Entschluss meine langfristige Planung nicht durcheinander bringt.)

Ferner müssen Sie unter dem Stichwort *Entschluss* Ihre Figur eine neue Vorgehensweise, ein neues Ziel ins Auge fassen lassen, das wiederum auf der nächsten Szenenkarte thematisiert wird. Füllen Sie für alle »Scharniere« zwischen den Szenen eine Sequenzkarte aus, um sicherzustellen, dass die Szenen logisch miteinander verknüpft sind.

Wenn Sie noch nie eine Geschichte mit Hilfe von Szenen- und Sequenzkarten entworfen haben, bereitet Ihnen das Ausfüllen der Karten möglicherweise einige Probleme. Sie werden vielleicht etliche Karten zerknüllen oder immer wieder stecken bleiben, und Ihre Geduld wird auf eine harte Probe gestellt.

Geben Sie nicht auf! Die Karten sind wertvolles Rohmaterial für Ihre Geschichte. Die Vorarbeit, die Sie jetzt leisten, so mühevoll und frustrierend sie auch sein mag, bewahrt Sie davor, eine unausgegorene oder unglaubwürdige Geschichte zu schreiben, oder schlimmer noch, sich festzufahren und sie nie zu Ende zu bringen.

Sie werden also irgendwann, möglicherweise nach einigem Ringen, sämtliche Karten ausgefüllt haben. Wenn Sie nicht mit allen zufrieden sind, denken Sie daran, dass Sie sie später noch überarbeiten können. Worauf es im Moment ankommt, ist, dass Sie alle Teile der Geschichte in eine logische Reihenfolge bringen, auch wenn Ihnen manche Details noch nicht zusagen.

Nehmen Sie sich für diesen Arbeitsschritt Zeit.

Die Überprüfung der Szenen- und Sequenzkarten

Was ist als Nächstes zu tun?

Bevor Sie die Planung Ihrer Szenen und Sequenzen abschließen, sollten Sie sich ein wenig Zeit nehmen, um die Geschichte, die Sie gerade entworfen haben, noch einmal mit etwas Abstand zu überprüfen.

Versuchen Sie zunächst anhand der vorhandenen Karten die Länge Ihrer Geschichte abzuschätzen. Natürlich können Sie keine exakten Aussagen machen, aber wenn Sie 30 oder 40 Karten angesammelt haben, können Sie sicher sein, dass Ihr Text zu lang wird. Wenn Sie jedoch eine Geschichte von 10 000 Wörtern Umfang schreiben möchten, werden zwei oder drei Szenenkarten wahrscheinlich nicht ausreichen.

Wenn Sie feststellen, dass Sie für den geplanten Umfang Ihrer Geschichte viel zu viele Szenen und Sequenzen entworfen haben, nehmen Sie sich Ihre Karten noch einmal vor und sortieren Sie aus: Vielleicht könnte die Handlung später einsetzen, vielleicht erweist sich eine Nebenfigur als überflüssig, vielleicht lässt sich auch aus dem mittleren Teil die eine oder andere Szene streichen.

Denken Sie auch noch einmal über die Art von Geschichte

nach, die Sie geplant haben. Wie Sie mittlerweile wissen, erzeugen lange Szenen und kurze Sequenzen temporeiche Geschichten. Tempo passt am besten zu Kriminal- oder Abenteuergeschichten, ist allerdings in der Regel verfehlt, wenn Sie eine Liebesgeschichte oder eine Charakterstudie ins Auge gefasst haben. In diesem Fall würden Sie mit wenig Handlung (nur einige lange Szenen) und ausführlichen Schilderungen von Gefühlen und Gedanken (lange Sequenzen) viel eher die gewünschte Wirkung erzielen und das Tempo der Geschichte verlangsamen.

Falls es Ihnen schwer fällt, die erforderlichen Entscheidungen zu treffen, lassen Sie es sich zur Beruhigung noch einmal gesagt sein: Sie können alles jederzeit wieder verändern. Aber es ist besser, eine Arbeitsgrundlage zu erstellen, von der Sie später gegebenenfalls abweichen können, als völlig ohne Konzept drauf los zu schreiben.

Ich kann Ihnen deshalb nur erneut dringend raten, die notwendigen Arbeitsschritte *jetzt* durchzuführen, ehe Sie fortfahren. Wir sind an einem kritischen Punkt angelangt. Wenn Sie vor lauter Ungeduld die arbeitsintensiven Abschnitte dieses Buches überspringen und sich nicht die für eine gewissenhafte Planung erforderliche Zeit nehmen, werden Sie an Ihrer Aufgabe vermutlich scheitern. Nur wenn Sie die nötige Geduld, Sorgfalt und Zeit aufbringen, um die erforderlichen Arbeitsschritte zu bewältigen, werden Sie schließlich für Ihre Mühen belohnt werden.

Überprüfen Sie noch einmal Ihr Konzept

Legen Sie nun Ihre Szenen- und Sequenzkarten in chronologischer Reihenfolge vor sich aus.

Sehen Sie sich die Anordnung genau an. Ergibt das einen logischen Sinn? Stimmen die zeitlichen Abläufe? Weist jede Szene irgendeinen Bezug zur zentralen Frage Ihrer Geschichte auf? Knüpft jede Sequenz an die vorhergehende Szene an und leitet sie zur nächsten über? Gibt es Szenen, die Sie herausnehmen können, ohne dass die Wirkung Ihrer Geschichte beeinträchtigt wird? Enthält jede Szene eine klares Ziel? Einen Konflikt? Eine Niederlage? Sind die Gefühle und Gedanken in den einzelnen Sequenzen nachvollziehbar? Haben Sie irgendetwas vergessen?

Möglicherweise müssen Sie Ihre Karten neu anordnen, die eine herausnehmen, die andere austauschen, vielleicht die Reihenfolge ändern. Das ist völlig in Ordnung. Das ist das Schöne an diesem Kartensystem: Sie können Ihren Entwurf immer wieder kritisch begutachten und Schritt für Schritt verbessern.

Die Überprüfung Ihres Szenen- und Sequenzplans kann einige Zeit in Anspruch nehmen. Ich empfehle Ihnen dringend, Ihre Karten ein paar Tage unverändert liegen zu lassen, auch wenn Sie sicher sind, dass Sie die bestmögliche Anordnung gefunden haben. Die ausgelegten Karten werden Sie dazu anregen, sich bewusst oder unbewusst mit dem Aufbau Ihrer Geschichte weiter auseinander zu setzen, selbst wenn Sie sich in einem anderen Raum aufhalten und mit etwas anderem beschäftigt sind.

Wundern Sie sich also nicht, wenn Sie sich dabei ertappen, dass Ihnen Ihre Karten während dieser Zeit immer wieder im Kopf herumgehen. Die intensive Beschäftigung mit Inhalt und Anordnung Ihrer Planungskarten kann Ihnen nur nützlich sein.

Zusammenfassung

Eine Geschichte setzt sich aus Szenen und Sequenzen zusammen. Die eigentliche Planung einer Geschichte besteht im Entwerfen von Szenen und Sequenzen. Sie sollten für jede Szene und jede Sequenz Ihrer Geschichte eine Karte ausfüllen. Arrangieren Sie die Karten dann in der Reihenfolge, in der Sie die Handlungselemente präsentieren wollen. Das ist ein zentraler Teil Ihrer Vorbereitung.

Auszeit

Selbstlosigkeit als Charakterisierungsmerkmal

Sie befinden sich jetzt in der Endphase Ihrer Planung, und es würde mich nicht wundern, wenn Sie trotz Ihrer gründlichen Vorbereitungsarbeit in einigen wichtigen Punkten unsicher sind. So mag es Ihnen beispielsweise ein Problem sein, wie Sie Ihre Hauptfigur noch sympathischer zeichnen oder wie Sie deren Gegenspieler stärker hervorheben können. Wenn Sie den Schluss Ihrer Geschichte noch nicht ganz durchdacht haben, grübeln Sie vielleicht über ein schlüssiges Ende nach.

Die folgenden Ausführungen zum Thema Selbstlosigkeit als Charakterisierungsmerkmal können Ihnen vielleicht wertvolle neue Anregungen geben und Ihnen bei der Lösung von Problemen helfen, die erst in der Endphase Ihrer Planung auftreten.

Selbstlosigkeit hat viele Gesichter: mit jemandem teilen, obwohl man selbst nicht viel hat; zugunsten eines anderen auf etwas verzichten; sich für bedürftige Menschen aufopfern oder sich für eine gerechte Sache, ein höheres Ziel einsetzen und dafür persönliche Nachteile in Kauf nehmen. Im Extremfall kann das sogar bedeuten, dass man sein Leben aufs Spiel setzt.

Denken wir beispielsweise an Menschen wie Jeanne d'Arc, die sich für ein höheres Ziel opferte, oder an Galilei, der lieber große persönliche Opfer brachte, als seine wissenschaftlichen Erkenntnisse zu widerrufen. Fallen Ihnen noch andere Beispiele für Menschen ein, die ihren Grundsätzen treu blieben und teuer dafür bezahlen mussten?

Natürlich ist der Preis hoch. Und das ist genau der Punkt.

Diese Art von Selbstlosigkeit geht mit einem extrem hohen Risiko einher. Wenn man ungeachtet aller Konsequenzen zu seinen Überzeugungen steht, können die Folgen in der Tat tragisch sein.

Doch genau dieses Verhalten ist es, das wir an anderen Menschen aufrichtig bewundern. Nichts scheint einen Menschen mehr zu adeln als die unerschütterliche Bereitschaft, für ein höheres Ziel alles aufs Spiel zu setzen. Wir fühlen mit einer Person, die bereit ist, jedes Opfer zu bringen; wir feuern sie an, wir bangen mit ihr, wir lieben sie sogar – zweifellos liegt uns ihr Schicksal am Herzen.

Es gibt also eine hervorragende Methode, um eine sympathische und bewunderungswürdige Figur zu schaffen: Man erfindet eine oder mehrere Situationen, in denen diese Figur vor der Wahl steht, sich zwischen einem kurzfristigen persönlichen Vorteil und vorhersehbarem großen Leid zu entscheiden, zwischen Eigennutz und hehrem Ziel, zwischen Selbstsucht und Selbstlosigkeit.

Der entscheidende Unterschied zwischen den »Guten« und den »Bösen«, also den bewunderungswürdigen und den verachtenswerten Personen einer Geschichte, ist Skrupellosigkeit. Am Anfang mögen sowohl Antagonist als auch Protagonist von sich behaupten, sie würden alles tun, um ihr Ziel zu erreichen. Doch wenn sie im Verlauf der Handlung miteinander in Konflikt geraten oder auf irgendwelche Hindernisse stoßen, stellt sich heraus, dass nur einer von beiden vor nichts zurückschreckt. Das Verhalten dieser Figur erweist sich als selbstsüchtig, rücksichtslos und grausam, was bei uns Lesern auf tiefe Ablehnung stößt; sie verliert unsere Sympathie und wird zum »Bösewicht«.

Möglicherweise erlebt der Protagonist Situationen, in denen er sich durch ein skrupelloses Vorgehen einen vorübergehenden, aber entscheidenden Vorteil verschaffen könnte. Aber er hat Prinzipien. Es gibt einfach Dinge, die ihm sein Gewissen verbieten. Er hat *Skrupel.* Er ist bereit, sein Ziel, ja sogar sich selbst, seinen hehren Grundsätzen zu opfern.

Eine Figur wie diese spricht uns an. Wir stehen auf ihrer Seite. Wir nehmen mehr und mehr Anteil an ihrem Schicksal.

Es gibt also eine wirkungsvolle Methode, um einerseits die Leser zu fesseln und andererseits die sympathischen Figuren von den unsympathischen deutlich abzugrenzen: Man schafft Situationen, in denen der Held oder die Heldin Opfer bringt – und der Bösewicht nicht.

Dieses Charakterisierungselement mag Ihnen auf den ersten Blick unnatürlich und aufgesetzt erscheinen. Aber wenn Sie darüber nachdenken, werden Sie feststellen, dass es unzählige Situationen gibt, in denen Menschen kleine oder große Opfer bringen. Genauso vielfältig sind auch die Möglichkeiten, einen Anhauch von Selbstlosigkeit in Ihre Handlung einzubauen. Machen Sie davon Gebrauch.

Gute AutorInnen nutzen fast jede Wendung im Handlungsverlauf, um die Uneigennützigkeit ihrer Hauptfigur herauszustellen. Das können ganz alltägliche Begebenheiten sein.

So könnte beispielsweise Ihre Heldin, die ihre Freundin mit dem Wagen abholt, um sie zum Supermarkt zu fahren (was an sich schon sehr hilfsbereit ist und ein Erkennungsmerkmal für Freundlichkeit wäre), zusätzlich eine Erkältung haben. Wenn dann die Freundin zu ihr ins Auto steigt und sagt: »Meine Güte, du bist ja ganz verschnupft! Du hättest wirklich zu Hause bleiben sollen!«, wirkt das Verhalten der Heldin noch selbstloser. Folglich werden wir sie noch sympathischer finden.

So können also bereits kleine Änderungen im Handlungsschema die Wirkung Ihrer Figuren positiv beeinflussen. Natürlich kann man es auch übertreiben und eine Figur zur Heiligen erheben. Aber wenn Sie alltägliche, beinah unbewusste – gelegentlich auch wichtige – selbstlose Entscheidungen in die Handlung einbauen, verleihen Sie Ihrer Figur gewinnende Züge. Ich empfehle Ihnen, so viele uneigennützige Gesten einzuarbeiten, wie Ihnen einfallen. Wenn Sie bei der Überarbeitung feststellen, dass

Sie es ein wenig übertrieben haben, können Sie immer noch abschwächen oder ein paar Stellen ganz streichen. Es fällt meist leichter, beim Redigieren Handlungselemente zu entfernen oder abzuändern, als völlig neue hinzuzufügen.

Selbstlosigkeit und Konflikt

Eine besonders dramatische Wirkung lässt sich erzielen, wenn die Hauptfigur im Laufe eines Konflikts zu einer folgenschweren Entscheidung gezwungen ist. Nehmen wir einmal an, in unserer Geschichte geht es um Peter, der sich um eine neue Stelle bewirbt. Nach dem Vorstellungsgespräch, bei dem er sich richtig ins Zeug gelegt hat, erfährt er zu seiner Bestürzung, dass er die Stelle nicht bekommt.

Könnte man in diese Szene nicht ein Element der Selbstlosigkeit einbauen?

Nehmen wir an, der Personalchef weist Peter während des Bewerbungsgesprächs mehrfach darauf hin, dass er sich dafür einsetzen müsse, einen Wettbewerber vom Markt zu drängen. Vielleicht fragt er Peter sogar rundheraus: »Wir wollen demnächst die Nachricht verbreiten, dass unser Konkurrent in Kürze sein wichtigstes Produkt zurückrufen muss. Machen Sie dabei mit?« Und Peter wird blass, weil er genau weiß, dass die Produkte besagter Firma einwandfrei sind.

Wir haben eine Szene entworfen, die nach wie vor auf eine Niederlage hinausläuft, allerdings mit dem wichtigen Unterschied, dass Peter sie selbst herbeiführt: Er ist nicht dazu bereit, gegen seine moralischen Grundsätze zu verstoßen, obwohl er den Job dringend braucht. Und deshalb bringt er ein großes Opfer, als er seinem potenziellen Arbeitgeber ins Gesicht sagt: »Tut mir Leid, aber solche Lügengeschichten sind nicht mein Ding.«

Und natürlich bekommt er die Stelle nicht. Die erbosten Worte des Personalchefs (»Sie brauchen sich hier nicht mehr blicken zu lassen, für Weicheier ist hier kein Platz!«) klingen ihm noch in den Ohren.

Auch wenn Ihr Szenen- und Sequenzplan bereits sorgfältig ausgearbeitet ist, lohnt es sich, hier und da nachträglich eine selbstlose Entscheidung oder Geste einzubauen: Zum einen werden die Leser Ihre Figur bewundern und sich stärker mit ihr identifizieren, zum anderen gewinnt die Handlung an Dramatik und Spannung.

Natürlich lassen sich nicht alle Szenen oder Situationen auf diese Weise abwandeln. Ich habe es allerdings immer wieder erlebt, dass junge AutorInnen die besten Möglichkeiten übersahen, dieses Element wirkungsvoll in ihren Geschichten einzusetzen. Auch wenn Sie den Aspekt der Selbstlosigkeit nicht immer berücksichtigen können oder wollen, sollten Sie die enorme Wirkung, die Sie damit erzielen können, stets im Auge behalten.

Das Opfer kann relativ bedeutungslos sein, wie im Falle der hilfsbereiten Freundin, die Gefahr läuft, sich eine Grippe zu holen, oder aber auch folgenschwer, wie in Peters Fall. Manche Autoren streuen kleine, selbstlose Gesten immer wieder in die Handlung ein, während andere das Element nur an Schlüsselstellen in ihrer Geschichte einsetzen. Sie sollten beides in Erwägung ziehen. Es kann Ihnen genau dann weiterhelfen, wenn Sie sich bei der Planung Ihrer Handlung festgefahren haben.

Selbstlose Entscheidungen auf dem Höhepunkt einer Geschichte

Auch wenn Sie mit dem Element der Selbstlosigkeit in Ihrer Geschichte sparsam umgehen, sollten Sie auf jeden Fall versuchen, auf dem Höhepunkt Ihrer Handlung eine uneigennützige Entscheidung einzubauen. Wie gehen Sie dabei vor?

Rekapitulieren wir: Am Anfang Ihrer Geschichte steht die zentrale Frage. Die Handlung entwickelt sich allmählich oder auch zügig auf den Punkt zu, an dem diese Frage beantwortet wird. Vergessen Sie nicht, dass sich auch in den beschaulichsten Geschichten die Hauptfigur irgendeine Art von Lösung oder Antwort herbeisehnt.

Wenn Sie eine uneigennützige Entscheidung in Ihre Schlussszene einbauen möchten, geht es also um die Situation, in der die zentrale Frage unweigerlich beantwortet werden muss. Sie lassen es zu einer letzten dramatischen Konfrontation oder einer nervenaufreibenden Entscheidungsfindung kommen, bei der diese Frage endgültig beantwortet wird.

Sorgen Sie dafür, dass sich die Antwort darauf in irgendeiner Form aus der Entscheidung der Hauptfigur ergibt. Und diese Entscheidung sollte einen eindeutig selbstlosen Charakter haben.

Nehmen wir beispielsweise die Geschichte aus dem Alten Testament, in der Gott Abraham befiehlt, seinen Sohn Isaak zu opfern, um ihm seine Liebe zu beweisen. Abraham ist mit einem moralischen Urdilemma konfrontiert: Er muss sich zwischen der Liebe zu seinem Sohn und der zu Gott entscheiden. Für ihn steht alles auf dem Spiel. Und nun muss er sich entscheiden, und zwar sofort.

Dies ist ein hochdramatischer Stoff. Auch in der Literatur begegnen uns immer wieder Figuren, die folgenschwere Entscheidungen treffen müssen. Beispielsweise in Dickens' Roman *Große Erwartungen,* in dem der selbstlose Protagonist Pips immer wieder mit Menschen konfrontiert wird, die selbstsüchtige Entscheidungen treffen. In Herman Wouks Roman *Die Caine war ihr Schicksal* stehen die Matrosen vor der Entscheidung, gegen ihren unmenschlichen Kapitän aufzubegehren und zu riskieren, wegen Meuterei angeklagt zu werden. Das Thema begegnet uns auch in vielen Klassikern der Kurzprosa, beispielsweise in Edgar Allen Poes Geschichten, in denen die Figuren falsche oder selbstsüchtige Entscheidungen treffen und hinterher bitter dafür bezahlen müssen.

Wenn es Ihnen gelingt, den Höhepunkt Ihrer Geschichte so zu gestalten, dass die Hauptfigur eine klare, selbstlose Entscheidung fällt, werden Sie nicht nur einen ungemein wirkungsvollen Schluss erzielen, sondern zugleich auch die Ihrer Geschichte zugrunde liegenden ethischen und moralischen Fragen deutlich machen. Wenn Autoren sagen, dass sich ihr Anliegen automatisch aus der Konstruktion ihrer Geschichte ergibt, dann verweisen sie auf den engen Zusammenhang zwischen dem, was passiert, und dem, was es bedeutet – also die berühmte »Aussage«. Wenn die Hauptfigur eine selbstlose Entscheidung trifft, dann muss diese Entscheidung folglich Rückschlüsse auf das Thema der Geschichte zulassen.

Wenn Ihr Protagonist auf dem Höhepunkt der Geschichte einen selbstlosen Entschluss fasst, mit dem er alles aufs Spiel setzt, müssen Sie im Hinblick auf die Leser zwei weitere Aspekte berücksichtigen:

Wie bereits erwähnt, ruft der selbstlose Akt einer Hauptfigur bei den Lesern Bewunderung und Anteilnahme hervor. In den meisten Fällen ist es daher nicht ratsam, den Protagonisten eine selbstlose Entscheidung treffen zu lassen, für die er bitter bezahlen muss. Das heißt, dass Sie eine Szene entwickeln müssen, in der Ihr Protagonist eine hoch riskante selbstlose Entscheidung fällt und dann wider Erwarten verschont oder doch zumindest in irgendeiner Weise für sein Opfer entschädigt wird.

Das ist keine leichte Aufgabe, es sei denn, Sie mogeln und lassen in letzter Minute einen rettenden Engel auftreten. Weit geschickter wäre es, wenn Sie in die dramatische Entscheidungsszene einen verborgenen Ausweg einbauen würden – etwas, das sich seit längerem angekündigt hat, so dass sich die Leser sagen: »Meine Güte! Natürlich! Das hätte ich doch gleich merken müssen!«

Kehren wir noch einmal zurück zu Abrahams moralischem Dilemma. Er beschließt, Isaak zu opfern, und greift zum Messer.

Er ist bereit, das Kostbarste in seinem Leben zu opfern. Eine verhängnisvolle Entscheidung. Doch Gott hält ihn zurück und eröffnet ihm, dass er ihn nur habe prüfen wollen.

Und wir Leser sind ungemein erleichtert und begreifen die Tragik der Situation. Wir erkennen, dass Abraham niemals seinen Frieden gefunden hätte, wenn er sich Gottes Befehl widersetzt hätte. Und nun sind ihm sowohl Gott als auch sein Sohn erhalten geblieben. Er hat die Bewährungsprobe bestanden.

Ganze Bücher befassen sich mit dem Phänomen des Opfers in Drama und Prosa. Für unsere Zwecke habe ich das Thema jedoch ausreichend erläutert. Womöglich habe ich es sogar ein wenig übertrieben und muss Sie deshalb warnen: Machen Sie von dem neu erlernten Kunstgriff nicht zu oft Gebrauch. Erliegen Sie nicht der Versuchung, in *jede* Szene Ihrer Geschichte und in den Schluss *jeder* Geschichte einen selbstlosen Akt einbauen zu wollen.

Sie verfügen jedoch nun über ein wirkungsvolles Instrument, das Ihnen die Möglichkeit bietet, Ihre Figur im Laufe der Handlung an ihren Herausforderungen wachsen zu lassen und sich am Höhepunkt der Geschichte noch einmal zu beweisen. Wenn Sie es an einigen Stellen der Handlung oder auch am Höhepunkt einsetzen möchten, tun Sie es. Aber wenn Ihnen die Geschichte, die Sie gerade planen, nicht dafür geeignet erscheint, lassen Sie es bleiben.

Mit anderen Worten, es genügt, wenn Sie diese Technik in Ihr Repertoire aufnehmen und im Bedarfsfall einsetzen. Aber erzwingen Sie nichts.

12
Die Fertigstellung Ihres Handlungsentwurfs

Zur Kontrolle:
✓ Haben Sie all Ihre Szenen- und Sequenzkarten aktualisiert und wohl geordnet?
✓ Haben Sie sich ein paar Tage Zeit genommen, um den Aufbau Ihrer Geschichte zu überdenken?
✓ Haben Sie alle notwendigen Recherchen abgeschlossen?

Möglicherweise sind Sie schon vorgeprescht und arbeiten bereits eifrig an Ihrer Erstfassung. Das ist durchaus in Ordnung. Aber ehe ich Sie nun meinerseits dazu *dränge*, mit dem Schreiben zu beginnen, möchte ich Ihnen allerdings noch einige letzte Arbeitsschritte ans Herz legen.

Bei diesen Arbeitsschritten geht es darum, Ihre bisherigen Vorarbeiten mit dem vorliegenden Handlungsgerüst abzustimmen und sicherzustellen, dass Ihre Handlung auf den Schluss ausgerichtet ist, den Sie sich vorstellen.

Überprüfen und ergänzen Sie Ihr Handlungsgerüst

Im vorigen Kapitel haben Sie mit Hilfe der Szenen- und Sequenzkarten ein Handlungsgerüst für Ihre Geschichte erstellt. Möglicherweise waren Ihnen Ihre Figuren und Schauplätze so präsent, dass Sie diese in Ihrem Entwurf automatisch berücksichtigt haben. Es kann trotzdem nicht schaden, sich noch einmal zu vergewissern, dass sich auch alle wesentlichen Elemente in Ihrem Handlungsschema wiederfinden.

Ich schlage Ihnen deshalb vor, sich Ihre auf dem Schreibtisch ausgebreiteten Karten unter folgenden Gesichtspunkten genau anzusehen:

Nehmen Sie sich zuerst die Selbsterforschungskarten vor, die Sie in Kapitel 3 angelegt haben. Überprüfen Sie, ob Ihre geplante Geschichte mit Ihren Stärken und Schwächen, Ihren Überzeugungen und Wertvorstellungen vereinbar ist. Das will ich doch hoffen! Falls nicht, sollten Sie Ihr Konzept noch einmal überdenken: Entweder ist die Geschichte, die Sie geplant haben, nicht die richtige für Sie, oder Ihre Prioritäten haben sich während der Planung geändert.

Wenn Sie auf Diskrepanzen stoßen, überlegen Sie gut, ob Sie den eingeschlagenen Weg weiterverfolgen wollen. Die Alternative – vor der viele Autoren aus Ungeduld zurückschrecken – wäre, entweder die Selbsterforschung zu wiederholen oder Ihr auf den Szenen- und Sequenzkarten beruhendes Handlungsgerüst abzuändern. Es ist durchaus möglich, dass sich Ihre Zielvorstellungen und Vorgehensweisen im Laufe der Arbeit so stark verändert haben, dass Sie frühere Entscheidungen revidieren müssen.

Wenn Sie diese Überprüfung abgeschlossen haben, sollten Sie sich als Nächstes die Karten mit den Charaktereigenschaften und Erkennungsmerkmalen, die Sie in Kapitel 4 vorbereitet haben, genauer ansehen. Entscheiden Sie, welche Sie für Ihre geplanten Figuren verwenden möchten. Möglicherweise sind Sie meiner Anregung in Kapitel 9 gefolgt und haben die Karten bereits den Szenen zugeordnet, in denen die jeweiligen Figuren zum ersten Mal auftreten.

Falls ja, nehmen Sie sich ein paar Minuten Zeit und überdenken Sie noch einmal jede Figur und ihre Rolle in der Geschichte. Vielleicht schlummern in Ihrem Karteikasten Figuren, die für eine bestimmte Rolle viel geeigneter wären.

12. Die Fertigstellung Ihres Handlungsentwurfs

Wenn Sie den Szenen noch keine Figuren zugeordnet haben, holen Sie dies jetzt bitte nach. Legen Sie jede Figurenkarte unter die Szenenkarte, auf der die Person zum ersten Mal in Erscheinung tritt, so dass eine Art Patience-Muster entsteht.

Gehen Sie nun die Erscheinungskarten durch, die Sie in Kapitel 6 angelegt haben. Wählen Sie auch diesmal die geeignetsten aus und heften Sie diese an die Figurenkarten, die Sie gerade unter die Szenenkarten platziert haben. Jetzt werden die Personen, die in Ihrer Geschichte auftreten, lebendig und erhalten schärfere Konturen.

Bleiben wir noch einen Moment bei den Figuren. Gehen Sie die Erscheinungs- und Merkmalkarten durch, die Sie im Rahmen der Figurencharakterisierung in Kapitel 10 erstellt haben. Wenn Sie auf eine oder auch mehrere Karten stoßen, die einen Persönlichkeitsaspekt Ihrer Figuren verstärkt, heften Sie auch diese an die bereits ausliegenden Figurenkarten.

In Kapitel 7 haben Sie die Schauplätze für Ihre Geschichte entworfen. Gehen Sie die Karten mit Ihren Daten oder Beschreibungen durch und wählen Sie diejenigen aus, die Sie in Ihrer Geschichte verwenden möchten.

Platzieren Sie die Schauplatzkarten unter die Szene oder Sequenz, in der Sie das jeweilige Hintergrundmaterial verwenden möchten. Legen Sie alle Karten, die Sie noch nicht zuordnen können, auf einen separaten Stapel unter eine Karte mit der Aufschrift »Schauplatz«.

Vergegenwärtigen Sie sich nun die wichtigsten Aspekte Ihrer Figurencharakterisierung aus Kapitel 8. Wenn an den ausgelegten Figurenkarten irgendetwas nicht stimmig ist, nehmen Sie die notwendigen Änderungen vor.

Auch wenn Sie keine weiteren Karten ergänzen können, bitte ich Sie, nun auch noch einmal Kapitel 5 zu rekapitulieren, in dem es um unterschiedliche Arten von Geschichten ging. Überlegen Sie, welchem Typ Ihre Geschichte am nächsten kommt.

Beschriften Sie dann eine Karte mit dem Wort *Konflikt, Entscheidung* oder *Erkenntnis* und legen Sie sie in die oberste Reihe, damit Sie immer daran erinnert werden, an welcher Art von Geschichte Sie arbeiten.

Vielleicht gibt es noch weitere Karten in Ihrer Schachtel, die Sie jetzt herausnehmen und irgendwo auf Ihrem Tisch anordnen möchten. Beim Durchsehen sind Ihnen sicherlich Aspekte eingefallen, die ich in diesem Kapitel nicht erwähnt habe. Wenn Sie also irgendwelche Karten finden, die Sie ergänzen möchten, zögern Sie nicht.

Nun haben Sie – von ein paar letzten Ausnahmen abgesehen, auf die wir gleich zu sprechen kommen – Ihr vollständiges Kartenschema vor sich liegen. Damit dürfte dann allerdings Ihr Schreibtisch ziemlich voll sein, und den brauchen Sie ja noch zum Schreiben. Deshalb könnte es ganz sinnvoll sein, wenn Sie Ihre Karten in genau der Anordnung, in der sie jetzt vor Ihnen liegen, an eine Pinnwand neben Ihrem Schreibtisch heften.

Überprüfen Sie den Schluss Ihrer Geschichte

Wie Sie mittlerweile sicher bemerkt haben, ist der Schluss der einzige Aspekt Ihrer Geschichte, den wir in Ihrem Szenen- und Sequenzplan noch nicht berücksichtigt haben. Und dafür hatte ich meine Gründe. Mir ging es zunächst darum, dass Sie sich über die zentrale Frage Ihrer Geschichte klar werden und sich einen Schluss überlegen, der diese eindeutig beantwortet. Nun aber ist es an der Zeit, dass Sie eine oder mehrere Karten für den Schluss entwerfen und ans Ende Ihres Szenen- und Sequenzplans legen.

Schreiben Sie bitte auf eine leere Karte *Höhepunkt/Schluss* und umreißen Sie, was in der letzten Szene oder Sequenz passieren soll.

Nehmen Sie dann eine neue Karte, die Sie direkt unter die »Höhepunkt/Schluss«-Karte legen. Auf diese schreiben Sie bitte die Antwort auf Ihre zentrale Frage. Achten Sie darauf, dass Sie die Frage auch *wirklich* beantworten. Beschreiben Sie dann auf einer oder mehreren Karten Schritt für Schritt, was in dieser letzten Szene oder Sequenz geschieht. Denken Sie daran, dass die skizzierten Ereignisse oder Gedanken die Antwort liefern müssen, die Sie gerade aufgeschrieben haben.

Der Schluss ist von zentraler Bedeutung. Er entscheidet darüber, ob die Leser Ihre Geschichte befriedigt oder enttäuscht aus der Hand legen. Er entscheidet über den »Nachgeschmack«, den sie bei den Lesern hinterlässt. Am Schluss laufen alle Erzählstränge zusammen und verdichten sich zu einer zentralen Aussage. Er muss deshalb stimmen.

Wenn der Schluss eine Szene ist

Die Schlussszene sollte die dramatischste der gesamten Geschichte sein. Das heisst, sie sollte die explosivste Handlung, den intensivsten emotionalen Konflikt oder die schmerzhafteste Konfrontation enthalten.

Bei dieser letzten Konfrontation sollten Protagonist und Antagonist zum offenen Schlagabtausch gegeneinander antreten.

Beiden Figuren sollte klar sein, dass für sie diesmal alles auf dem Spiel steht.

Wenn möglich, sollten beide Kontrahenten unter Zeitdruck stehen. (Fragen Sie sich:»Habe ich sichergestellt, dass sich keine der Figuren der Konfrontation entziehen kann?«)

Die Sätze, mit denen Sie der Schlussszene möglicherweise Bedeutung oder Klarheit geben wollen, sollten so knapp wie möglich sein. Ein belehrender oder gar pathetischer Ton kann die Wirkung der gesamten Geschichte zunichte machen.

Wenn der Schluss eine Sequenz ist

1. In 99 Prozent aller Fälle werden Sie die Sequenz aus der Perspektive Ihres Protagonisten schildern. In den seltenen Aus-

nahmen, in denen Sie den unterlegenen Antagonisten in den Vordergrund rücken oder eine andere Figur einsetzen müssen, um einen bestimmten Aspekt zu verdeutlichen, sollte der Protagonist trotzdem im Mittelpunkt stehen.
2. Gerade wenn der Schluss der Geschichte eine Sequenz ist, laufen Sie Gefahr, in einen salbungsvollen oder schwülstigen Ton zu verfallen. Bemühen Sie sich um einen einfachen, direkten und prägnanten Schluss.
3. Sie können Ihren Lesern keine Botschaft aufdrängen, die sich nicht klar aus der vorangegangenen Handlung ergibt. Vermeiden Sie es, den Lesern Ihre Geschichte zu erklären.
4. Überprüfen Sie, ob noch irgendwelche Fragen offen geblieben sind, die Sie in der letzten Sequenz kurz klären können. Möglicherweise gibt es untergeordnete Probleme der Hauptfigur oder auch ungelöste Probleme einer Nebenfigur, die den Leser noch beschäftigen.
5. Langwierige Ausführungen sollten um jeden Preis vermieden werden.

Zusammenfassung

Sie haben jetzt die Gelegenheit, Ihre gesamte Planung noch einmal zu überprüfen und alle brauchbaren Elemente in Ihr Kartenschema einzuarbeiten. Dabei sollten Sie zusätzliche Karten aus Ihrem Bestand auswählen und in das Schema der bereits ausliegenden Szenen- und Sequenzkarten einordnen.

Im Hinblick auf Ihre Neigungen und Prioritäten sollten Sie den zeitlichen Ablauf, die Schauplätze und andere Aspekte der Geschichte abschließend überprüfen.

Dem Schluss Ihrer Geschichte sollten Sie sich jetzt mit besonderer Sorgfalt widmen. Eine ausführliche Beschreibung der Schlussszene kann hilfreich sein.

Bedenken Sie, dass sich im jetzigen Stadium frühere Entscheidungen noch relativ leicht revidieren lassen. Da Sie im Begriff sind, Ihren ersten Entwurf in Angriff zu nehmen, kann dieser letzte prüfende Blick auf den Gesamtplan von Nutzen sein, um etwaige Schwachstellen aufzufinden und auszubessern.

13
Die erste Fassung

Zur Kontrolle:

✓ Haben Sie Ihre Szenen- und Sequenzkarten chronologisch angeordnet?
✓ Haben Sie darunter alle zusätzlichen Karten ausgelegt?
✓ Haben Sie sich ausgiebig dem Schluss gewidmet?
✓ Können Sie es kaum erwarten, endlich mit dem Schreiben anzufangen?
✓ Dann sind Sie so weit.

Sie haben jetzt eine klare Vorstellung von den Figuren, die in Ihrer Geschichte vorkommen werden, und Sie verfügen über ein solides Handlungsgerüst – einen Plan für den Hindernislauf, den Ihre Figuren psychisch und physisch bewältigen müssen. Sie haben viele Stunden mit der sorgfältigen, manchmal mühsamen Planung Ihrer Kurzgeschichte verbracht.

Nun ist es an der Zeit, die Früchte Ihrer Arbeit zu ernten. Ihr ganzes Planen, Tüfteln, Recherchieren und Strukturieren wird Ihnen nun zugute kommen. Beginnen Sie also mit der Niederschrift Ihres ersten vollständigen Entwurfs.

Möglicherweise schrecken Sie vor diesem entscheidenden Schritt zurück. Machen Sie sich keine Sorgen. Wenn Sie im Laufe der vorangegangenen Kapitel die entsprechenden Vorarbeiten geleistet haben, sind Sie so weit. Sollten Sie dennoch unsicher sein und zögern, so ist das völlig normal. Jeder Schreibende ist ein wenig angespannt und nervös, ehe er seinen ersten Entwurf beginnt.

13. Die erste Fassung

Sie können für Ihre Aufgabe nicht besser gerüstet sein. Fangen Sie also an!

Verglichen mit den Teilnehmern meiner Schreibseminare, die ich jahrelang an der University of Oklahoma leitete, sind Sie in einer glücklichen Lage. Denn meinen StudentInnen teilte ich gleich zu Kursbeginn mit, dass sie in etwa drei Monaten einen Romanentwurf von mindestens 50 000 Wörtern Umfang abzugeben hätten, und riet ihnen, am besten gleich anzufangen.

Einige StudentInnen reagierten auf meine Ankündigung völlig schockiert. Viele hatten noch nie einen längeren Text verfasst, geschweige denn einen Roman. »Wie sollen wir denn ohne jede praktische Anleitung einen Romanentwurf schreiben?«, fragten sie entgeistert.

Mit der Antwort, die ich meinen Studenten gab, möchte ich auch Ihnen Mut machen:

Als Sie mit der Planung Ihrer Geschichte begonnen haben, wussten Sie wahrscheinlich bereits mehr über das Schreiben, als Ihnen klar war. Wir AutorInnen sind ja auch Leser. Wir wissen eine Menge über Kurzgeschichten, weil wir sie gelesen haben – ob uns dies bewusst ist oder nicht.

Außerdem müssen Sie früher oder später ohnehin mit Ihrer Rohfassung beginnen, und wenn Sie jetzt unsicher sind, wird es Ihnen in einem Monat wahrscheinlich auch nicht anders ergehen. Alle Schriftsteller fürchten sich ein wenig vor dem leeren Blatt Papier. Der einzige Unterschied zwischen einem Profi und einem Laien besteht darin, dass ein Profi diese Unsicherheit ignoriert und einfach zu schreiben beginnt, im Vertrauen darauf, dass er mit seinem Handlungsgerüst die optimale Grundlage für eine gelungene Geschichte geschaffen hat.

Darüber hinaus sollten Sie nicht vergessen, dass Sie Ihren ersten Entwurf jederzeit überarbeiten können. Alles, was Sie jetzt zu Papier bringen, ist besser als gar nichts.

Trotz aller sorgfältigen Planung werden in jeder Geschichte

13. Die erste Fassung

natürlich Probleme auftreten: Wir mögen eine Figur nicht, die wir eigentlich sympathisch zeichnen wollten, oder wir sind mit unserem Stil unzufrieden, oder wir merken, dass wir mehr Hintergrundinformationen benötigen. Wir können nicht alle Probleme vorhersehen; wir müssen unseren Rohentwurf in Angriff nehmen, um sie überhaupt zu erkennen.

Sie sind also weit besser gerüstet, als Ihnen bewusst ist. Und seien Sie beruhigt: Fehler, die sich möglicherweise einschleichen, können Sie im Nachhinein jederzeit wieder beheben; bestimmte Probleme können Sie ohnehin erst während des Schreibprozesses erkennen. Es gibt also keinen Grund, noch länger zu warten!

Es wird Ihnen zusätzliche Sicherheit geben, wenn Sie sich einige zentrale Aspekte vor Augen führen, die in Ihr Konzept eingegangen sind. Sie haben eine klare Vorstellung davon, welche Art von Geschichte Sie schreiben möchten. Sie haben gelernt, wie man recherchiert und wie man eine Geschichte strukturiert. Sie haben reale Personen beobachtet, ihre Gespräche verfolgt und dieses Material in Ihre Figurenkarten eingearbeitet. Sie wissen, dass farbige Figuren von der Überzeichnung leben. Sie haben gelernt, dass eine Persönlichkeit an Konflikten wachsen und sich in Krisen bewähren kann, und dass persönliches Leid Anteilnahme weckt. Und natürlich wissen Sie mittlerweile auch, dass sich gute Prosa durch Bewegung auszeichnet – oft im wörtlichen Sinn, aber zweifellos auch in Form einer emotionalen Entwicklung: Eine Geschichte beginnt an einem gewissen Punkt und hört an einem anderen auf.

Sie haben auch gelernt, dass eine Geschichte mit einer zentralen Frage beginnt und mit ihrer Beantwortung endet.

Und Sie haben bei Ihrer Planung all diese Aspekte berücksichtigt. Sie verfügen über einen Bestand an Karten zum Thema Dialoggestaltung, Figurenbeschreibung, Schauplatz, Handlungsaufbau und allem, was darüber hinaus zu einer guten Geschichte gehört.

13. Die erste Fassung

Es ist also höchste Zeit, alle Selbstzweifel über Bord zu werfen und los zu schreiben!

Der Anfang

Wie bereits erwähnt, sind Anfang und Schluss einer Geschichte von zentraler Bedeutung. Wie sollte eine gute Geschichte anfangen und wie sollte sie aufhören? Wenn Sie am richtigen Punkt in die Geschichte einsteigen, Ihr Ziel genau kennen und im Auge behalten, kann praktisch nichts mehr schief gehen.

Aber lassen Sie uns die Frage des richtigen Anfangs einmal unter einem anderen Blickwinkel als dem betrachten, den wir bereits ausführlich thematisiert haben.

Wir haben uns weiter oben mit der zentralen Frage und der notwendigen Antwort darauf beschäftigt. Darüber hinaus haben wir in Kapitel 10 das Selbstbild der Figuren erörtert und gesehen, wie wichtig es für deren Gestaltung ist. Wahrscheinlich ist Ihnen dabei klar geworden, wie eng zentrale Frage und Selbstbild miteinander zusammenhängen können.

Wenn eine Figur, wie übrigens jede reale Person auch, bemüht ist, ihr Selbstbild zu bewahren und zu festigen, so gibt es für sie keine größere Herausforderung oder Bedrohung als die Erschütterung dieses Selbstbilds. Und was ist für unser Selbstbild am bedrohlichsten?

Veränderung.

Nehmen wir beispielsweise eine Hauptfigur namens Marie, die sich Jahrzehnte lang mit ihrer Rolle als Ehefrau und Mutter identifiziert hat. Als ihr letztes Kind aus dem Haus geht und sich ihr Mann immer mehr auf seinen Beruf konzentriert, gerät sie in eine Identitätskrise. Ihr Selbstbild ist bedroht. Sie denkt und fühlt zwar noch wie eine Ehefrau und Mutter, kann diese Rolle in ihrem Alltag aber nicht mehr ausfüllen.

Wenn Sie eine Geschichte über Marie schreiben würden, wäre

es sinnvoll, die Handlung an dem Punkt einsetzen zu lassen, an dem sie feststellt: »Moment mal. Mein Leben hat sich verändert. Mein Selbstbild stimmt nicht mehr.« Damit hätten Sie zugleich die zentrale Frage eingeführt.

Marie sieht sich also mit einer bedrohlichen Veränderung ihrer Lebensverhältnisse konfrontiert. Interessant wird die Figur für den Leser allerdings nur dann, wenn sie nicht tatenlos herumsitzt und sich selbst bemitleidet, sondern aktiv wird. Sie wird sich etwas einfallen lassen. Sie wird etwas unternehmen, um das gestörte Gleichgewicht zwischen sich, ihrem Leben und ihrem Selbstbild wiederherzustellen.

Natürlich wird ihr das nicht in dieser Deutlichkeit bewusst sein. Doch sie wird den Kampf aufnehmen, auch wenn sie nicht genau weiß, warum. Und wenn sie sich bedroht fühlt und anfängt zu kämpfen, hat ihr abenteuerlicher Weg begonnen.

Mit anderen Worten: Veränderung ist der Ausgangspunkt Ihrer Geschichte.

Wenn Unsicherheit, Sorge oder gar Angst Sie am Schreiben hindern, sehen Sie sich noch einmal Ihr Kartenschema an. Führen Sie sich die Persönlichkeit und das Selbstbild Ihrer erzählenden Hauptfigur vor Augen. (Sollten Sie dieses Selbstbild nicht klar definiert haben, holen Sie dies unbedingt nach.) Nehmen Sie sich dann die Karte, auf der Sie den Anfang Ihrer Geschichte skizziert haben, und beantworten Sie die folgenden Fragen:

1. Geht es in meiner Eingangsszene um eine Veränderung im Leben der Hauptfigur, die vor kurzem eingetreten ist (oder gerade eintritt) und die ihr Selbstbild gefährdet?
2. Habe ich diese Bedrohung möglichst drastisch und anschaulich geschildert?
3. Habe ich eine Ausgangssituation gewählt, die der Figur die Möglichkeit lässt, aktiv auf die Bedrohung zu reagieren, und sei es auch nur, indem sie sich Rat holt?

Sie sollten alle drei Fragen mit »ja« beantworten können. Die einschneidende Veränderung am Anfang Ihrer Geschichte könnte der Verlust eines Arbeitsplatzes sein, eine Scheidung, eine Hochzeit, ein unerwarteter Brief, ein Anruf, eine plötzliche Erkenntnis, ein Erdbeben oder auch die bissige Bemerkung einer geliebten Person. Kurz, es kann alles Mögliche sein, solange die oben genannten drei Kriterien erfüllt sind.

Diese Herangehensweise hilft Ihrer Fantasie vielleicht auf die Sprünge. Um das Problem anders zu formulieren: Wenn Sie Schwierigkeiten haben, die ersten Sätze Ihres Rohentwurfs zu Papier zu bringen, dann leiden Sie möglicherweise unter einer Art Lampenfieber, das Sie unbedingt ignorieren sollten. Aber vielleicht haben Sie auch noch keine zündende Idee für Ihren Anfang gefunden. Dann kann Ihnen die intensive Beschäftigung mit Ihrer Hauptfigur, deren Selbstbild und der Anfangsszene sicher weiterhelfen.

Eine Autorin erzählte mir einmal, dass sie für jede ihrer Geschichten dieselbe Eingangsszene planen würde: Eine Person steigt mitten in der Nacht in einer fremden Stadt aus einem Zug oder Bus und geht mit einem Koffer in der Hand eine dunkle, menschenleere Straße entlang.

Wie viele Geschichten hat sie wohl sie mit diesem Anfang veröffentlicht?

Keine einzige. In dem Moment, in dem sie sich diese Szene – eine Ortsveränderung – ausmalte, sah sie die Figur deutlich vor sich. Sobald sie sich mit diesem Bild vor Augen an den Computer setzte, wurde ihre Fantasie in Gang gesetzt, und ihre Figur gewann klarere Konturen, so dass schließlich die Anfangsszene ganz von allein Gestalt annahm.

Finden Sie ein solches Einstiegsmoment und beginnen Sie von dort aus zu schreiben. Machen Sie die zentrale Frage so deutlich wie möglich. Alles andere ergibt sich dann von selbst.

Noch eine letzte Bemerkung: Die Versuchung ist groß, unangenehme Arbeiten auf morgen oder übermorgen zu verschieben. So können Wochen, Monate, ja Jahre ins Land gehen. Erfolgreiche AutorInnen arbeiten jedoch nicht nur heute, sondern auch morgen und übermorgen. Manche Leute reden davon, dass sie »irgendwann« ein Buch schreiben wollen, sie scheinen aber nie die Zeit dafür zu finden.

Also fangen Sie an! Jedes Wort, das Sie aufschreiben, ist besser als nichts.

Der Mittelteil

Ich habe bereits angedeutet, dass am ehesten eine strenge Arbeitsdisziplin Ihnen dazu verhelfen kann, sich einen Weg durch die beängstigenden Untiefen Ihrer Erstfassung zu bahnen. (Glauben Sie mir, auch wenn Sie Ihre Geschichte noch so sorgfältig geplant haben, wird es Momente geben, in denen die Selbstzweifel Sie überfallen; solche Gefühle sind völlig normal, aber sie lassen sich überwinden.) Denn gerade die AutorInnen, die beim Schreiben Ihrer Erstfassung mit den größten Unsicherheiten und Selbstzweifeln zu kämpfen haben, sind oft diejenigen, deren Arbeitseinstellung einiges zu wünschen übrig lässt.

Wenn Sie regelmäßig, und zwar jeden Tag, an Ihrem Entwurf arbeiten, sei es auch nur für kurze Zeit, wird Ihnen das über zahlreiche Probleme hinweghelfen. Wenn Sie sich täglich auch nur für eine Stunde mit Ihrem Text auseinander setzen, wird er Ihnen stets im Bewusstsein bleiben. Aber was noch wichtiger ist: Er wird auch Ihre Fantasie und Ihr Unterbewusstsein beschäftigen. Ein regelmäßiger Arbeitsrhythmus bietet eine ständige Anregung, und dadurch lösen sich einige Ihrer möglichen Probleme wie von selbst in Wohlgefallen auf.

AutorInnen, die alle vierzehn Tage ein kreatives Wochenende einlegen, bringen sich um den Vorzug dieser bewussten und unbewussten Gedankenarbeit. Sie müssen sich jedes Mal, wenn sie

13. Die erste Fassung

sich an ihren Schreibtisch setzen, wieder mühsam in den Schreibprozess hineinfinden. Im schlimmsten Fall haben sie sogar vergessen, an welchem Punkt der Handlung sie stehen geblieben waren oder welche Gefühle sie bei ihrer letzten Arbeitssitzung zu beschreiben versuchten. Ein unregelmäßiger Arbeitsrhythmus kann deshalb fatale Folgen haben.

Ich glaube, es ist klar, worauf ich hinaus will: Eine strikte Arbeitsdisziplin ist für das Gelingen Ihres Entwurfs unerlässlich. Setzen Sie sich täglich an Ihre Geschichte. Es ist weit besser, sechs Tage in der Woche nur eine Seite zu schreiben, als tagelang zu pausieren und am Wochenende gleich zehn Seiten nachholen zu wollen.

Da beim Schreiben Ihrer Rohfassung viele Aufgaben zu bewältigen sind, empfehle ich Ihnen eine Strategie, die meine Studenten sehr hilfreich fanden: Hängen Sie sich einen Kalender an die Wand, in den Sie Ihr tägliches Seitenpensum eintragen. Dieses »sichtbare Gewissen« hindert Sie daran, sich unter irgendwelchen Vorwänden vor Ihrer Arbeit zu drücken und ganze Tage ungenutzt verstreichen zu lassen.

Seien Sie jedoch bei der Planung Ihres täglichen Pensums realistisch. Es ist besser, einen relativ leicht zu bewältigenden Arbeitsplan aufzustellen, als einen übertrieben ehrgeizigen, der kaum einzuhalten ist.

Und setzen Sie unbedingt für jeden Tag einen bestimmten Seitenumfang und keine Stundenzahl fest. Wenn Sie sich beispielsweise vornehmen, jeden Nachmittag von zwei bis vier Uhr zu arbeiten, kann es Ihnen passieren, dass Sie fast zwei Stunden lang die Wand oder Ihre Karten anstarren. Nach zwei unproduktiven Stunden werden Sie frustriert aufstehen und sich fragen, warum Ihnen nichts eingefallen ist.

Wenn Sie sich dagegen einen bestimmten Seitenumfang zum Ziel gesetzt haben, wissen Sie genau, dass Sie Ihren Schreibtisch nicht eher verlassen dürfen, bis Sie Ihre, sagen wir, drei Seiten geschrieben haben. Oder auch sechs. Anfangs werden Sie möglicherweise feststellen, dass Sie sehr viel Zeit benötigen, um Ihr tägliches Arbeitspensum zu erfüllen. Aber es wird sich sehr bald ein interessantes Phänomen einstellen: Sobald Sie sich selbst davon überzeugt haben, dass es Ihnen ernst ist, dass Sie wirklich so lange auf Ihrem Stuhl ausharren werden, bis Sie Ihr Tagesziel erreicht haben, wird Ihr Geist schneller und effizienter arbeiten, um sich und Sie möglichst bald zu erlösen.

Mir sind AutorInnen begegnet, die mit einem täglichen Arbeitspensum von vier Stunden anfingen und nur zwei bis drei Seiten pro Woche schafften. In dem Moment, in dem sie ihr Pensum auf eine Seitenmenge umstellten, schnellte ihre Arbeitsleistung steil in die Höhe – und das bei geringerem Zeitaufwand.

Ich muss Sie allerdings warnen: Wenn ich von einem täglichen Seitenpensum spreche – egal, ob zwei oder zehn –, dann meine ich neu geschriebene Seiten. Machen Sie sich nicht vor, Sie hätten viel geleistet, wenn Sie jeden Tag dieselben vier oder fünf Seiten überarbeiten und angeblich Ihren Stil verbessern. In Wirklichkeit tun Sie nichts weiter, als Ihren Arbeitsplan zu unterlaufen. Ihre momentane Aufgabe besteht darin, neue Seiten zu produzieren, um einen kompletten Entwurf fertig zu stellen. Die Überarbeitung kann warten.

Werfen Sie regelmäßig einen Blick auf Ihr Kartenschema. Nehmen Sie sich vor allem die Karten vor, die sich mit der zentralen Frage und ihrer Antwort befassen. So verlieren Sie nicht den roten Faden.

Greifen Sie beim Schreiben auch immer wieder auf die Figurenkarten zurück. Achten Sie darauf, dass Ihre Figuren mit den Kartenprofilen in Einklang stehen.

Halten Sie sich an die Anordnung Ihrer Szenen- und Sequenzkarten. Hüten Sie sich in diesem fortgeschrittenen Stadium vor plötzlichen Eingebungen! Wenn Sie beim Schreiben der Erstfassung unbedingt eine geniale neue Idee weiterverfolgen wollen,

13. Die erste Fassung

dann unterbrechen Sie Ihre Arbeit und skizzieren Sie den Gedanken auf einer Karte oder in einer separaten Textdatei. Schreiben Sie dann an Ihrem Entwurf weiter und weichen Sie nicht von Ihrem ursprünglichen Konzept ab.

Warum Sie das tun sollen? Weil irgendwelche Inspirationen oder »geniale Ideen«, die wir beim Schreiben unserer Erstfassung haben, oft nichts weiter sind als Kapriolen unserer umherschweifenden Fantasie; sie können unsere sorgfältig geplante Handlung auf irrwitzige Abwege führen, von denen wir niemals wieder zurückfinden. Solche Geistesblitze stehen in keinerlei Zusammenhang mit unserem Konzept, sondern deuten eher auf eine unbewusste Revolte unserer erlahmenden Fantasie hin, die lieber planlos, spielerisch umherschweift als zielgerichtet zu arbeiten.

Sobald Sie Ihren Entwurf fertig gestellt haben, können Sie jederzeit auf Ihre »zündende Idee« zurückkommen und sie in Ruhe prüfen. Wenn Sie Ihren Einfall dann immer noch großartig finden, können Sie ihn in Ihr Kartenschema einarbeiten und Ihre Geschichte entsprechend umschreiben. Aber auch diesen Schritt sollten Sie zum richtigen Zeitpunkt und erst nach reiflicher Überlegung tun.

Wenn Sie an einen Punkt geraten, an dem Sie die Sätze in Ihrem Kopf hin- und herwenden und sich verzweifelt fragen, ob sie überhaupt halbwegs gefällig daherkommen, dann seien Sie beruhigt: Sie sind in bester Gesellschaft. Ich glaube, jeder Schreibende wird von zeitweiligen Selbstzweifeln geplagt. Aber in solchen Momenten sollten Sie auf keinen Fall den Schreibfluss unterbrechen, um über die richtige Wortwahl nachzugrübeln oder sich an Fragen festzubeißen wie: »Soll ich ihn nun in zwei oder drei Sätzen von seiner Wohnung zur Bushaltestelle gehen lassen?« Schreiben Sie weiter! Sie können später noch alles ändern.

Wenn Sie an eine Szene oder Sequenz geraten, die Ihnen beim ersten Anlauf tatsächlich nicht gelingen will, dann zwingen Sie sich, zumindest eine Kurzfassung zu schreiben oder die Elemente zu formulieren, die Ihnen deutlich vor Augen sind. Fahren Sie erst dann fort. Sie dürfen einfach nicht aus dem Fluss kommen.

Allerdings – auch das habe ich bereits erwähnt – sollten Sie es sich nicht zur Gewohnheit machen, schwierige Stellen zu überspringen, und nur die wenigen Szenen auszuarbeiten, die Sie vorher bereits klar konzipiert hatten. AutorInnen, die zunächst nur die angenehmen oder einfachen Passagen formulieren, machen häufig die bittere Erfahrung, dass es ungemein anstrengend ist, irgendwann im Text zurückzugehen und alle schwierigen Stellen einzufügen, weil keine einzige mehr übrig ist, die ihnen leicht von der Hand geht. Deshalb sollten Sie nur im Notfall eine Szene oder Sequenz überspringen, um mit Ihrem Entwurf weiterzukommen. Wenn Sie die »besten« Szenen zuerst schreiben, mag Sie das anfangs anspornen, aber später wird die Arbeit umso zäher.

Achten Sie auch darauf, dass Sie Ihre Szenen in der geplanten chronologischen Reihenfolge verfassen. Springen Sie nicht von Szene 2 zu Szene 4, weil Ihnen Szene 4 mehr Spaß macht. Sie müssen sie ohnehin irgendwann schreiben. Das Hin- und Herspringen im Text ist genauso fatal wie das Aussparen schwieriger Passagen. Viele AutorInnen schaffen es nur deshalb, sich tage- oder wochenlang durch eine zähe Phase hindurchzubeißen, weil sie wissen, dass danach eine Szene auf sie wartet, die sie lebendig vor Augen haben und die ihnen leicht von der Hand gehen wird.

Anders ausgedrückt: Wenn Sie sich zuerst alle einfachen Szenen herauspicken, fehlt Ihnen später die Motivation, um auch die schwierigen Teile in Angriff zu nehmen.

Wenn es nicht mehr weiter geht...

Ich kann es nicht oft genug wiederholen: Eine gute Geschichte lässt sich nicht »aus dem Handgelenk« schreiben, sondern sie

13. Die erste Fassung

ist das Ergebnis vieler gründlicher Überarbeitungsgänge. Ganz gleich, wie schlecht Sie den Text finden, den Sie gerade verfassen, er ist besser als gar nichts. Sie können ihn später in Ruhe überarbeiten. Im Moment kommt es allein darauf an, dass Sie etwas Greifbares produzieren, das Sie später bearbeiten können.

Jeder Schreiber vertut sich beim ersten Entwurf, produziert misslungene Anfänge, holprige Übergänge, hölzerne Figuren und andere Katastrophen, weiß vorübergehend nicht weiter. Unerfahrene AutorInnen bekommen dann leicht panische Anfälle und reden von Schreibhemmungen. Profis jedoch lassen sich dadurch weder entmutigen noch aus dem Konzept bringen.

Wenn ein Autor beim Schreiben seiner Erstfassung einen toten Punkt erreicht, liegt das meist daran, dass er entweder (a) die zentrale Frage aus den Augen verloren hat oder dass (b) die Handlung stagniert. Wenn auch Sie sich einmal festgefahren haben, nehmen Sie sich Ihre zentrale Frage und ihre Antwort vor und fragen Sie sich, inwieweit die Szene, die Sie gerade schreiben, zur Beantwortung der zentralen Frage am Schluss Ihrer Geschichte beiträgt. Wenn Sie keinen direkten Zusammenhang herstellen können, haben Sie den roten Faden aus den Augen verloren. Dann müssen Sie zurückgehen und eine andere Szene entwerfen, die auf Ihr Ziel hinführt. Wenn in Ihrer Szene jede Handlung zum Erliegen gekommen ist, weil Sie einen statischen Zustand, ein gleich bleibendes Gefühl oder einen unveränderten Schauplatz beschreiben, brechen Sie sofort ab und erzählen Sie Ihre Geschichte weiter!

Da gerade das Schreiben des ersten Entwurfs ein anstrengender, ermüdender Prozess ist, sollten Sie dafür sorgen, dass Sie sich nicht völlig verausgaben. Sie können einiges tun, um körperlich frisch und geistig beweglich zu bleiben: spazierengehen, Rad fahren, Golf oder Volleyball spielen, regelmäßig ein Fitnesscenter aufsuchen ... Jede körperliche Betätigung, sofern Sie Ihnen denn Spaß macht, wirkt Wunder gegen Antriebslosigkeit und geistige

Schlappheit. Natürlich können Sie sich zur Entspannung auch andere Ausgleichsbeschäftigungen suchen: eine Partie Bridge, einen guten Film oder eine anregende Unterhaltung mit einer alten Freundin beispielsweise. Solche Aktivitäten sind also keineswegs ein Zeichen von Disziplinlosigkeit oder Arbeitsunlust.

Der Schluss

Nachdem Sie erfahren haben, wie man mit anfänglichen Schreibhemmungen fertig wird, wie man einen toten Punkt überwindet oder wie man Ermüdungserscheinungen bekämpft, mag es Sie überraschen, dass es auch gelernt sein will, irgendwann ein Ende zu finden. Mir sind jedoch schon AutorInnen begegnet, die eine Kurzgeschichte von 3000 Wörtern geplant hatten und Wochen später am Boden zerstört waren, weil sie bereits 10 000 Wörter geschrieben hatten: »Ich weiß nicht, wie ich alle Fäden zusammenführen soll. Ich bringe die Sache einfach nicht zu Ende!«

Es ist also nicht immer mit dem Vorschlag getan, in der Schlussszene doch einfach die zentrale Frage zu beantworten...

Manche AutorInnen fürchten sich einfach davor, ihre Geschichte zu beenden, weil sie sich dann der Frage zuwenden müssten, wo und wie sie ihre Geschichte veröffentlichen wollen – und da tun sich Unwägbarkeiten ganz neuer Art auf.

Andere wiederum haben ihre Figuren so ins Herz geschlossen, dass sie sich nicht von ihnen trennen können; oder sie schrecken davor zurück, ihre kreative Phase vorerst zu beenden.

Und dann gibt es wiederum AutorInnen, die ihre Geschichte nicht zu Ende bringen können, weil sie auf einen Denkfehler in ihrem Konzept gestoßen sind.

An der University of Oklahoma hatte ich einen vergilbten *Peanuts*-Cartoon an meine Bürotür geheftet. Darauf sah man Snoopy auf dem Dach seiner Hundehütte sitzen, die Schreibmaschine vor sich:

13. Die erste Fassung

»Und so stand er am Ende seines Lebens vor dem Nichts«, hatte Snoopy getippt.

»Er hatte sich nach Liebe gesehnt und war allein.

Er hatte sich nach Ruhm gesehnt und war ein Niemand.

Er hatte sich nach Wohlstand gesehnt und besaß keinen Pfennig.«

Dann blickt Snoopy auf und denkt: »Irgendwie kriege ich die Sache nicht zu Ende.«

Armer Snoopy. Er hatte Schwierigkeiten, seine Geschichte zu Ende zu bringen, weil sein Konzept hinkte. Das Ziel des Helden war so vage, dass sich daraus keine zentrale Frage ableiten ließ. Da es keine klare zentrale Frage gab, war natürlich auch keine eindeutige, befriedigende Antwort zu finden. Da der Held offensichtlich kein klares Ziel vor Augen hatte, hatte er auch keine Chance, es je zu erreichen. Und so konnte Snoopy seine Geschichte zu keinem befriedigenden Abschluss bringen.

Wenn auch Sie Schwierigkeiten haben, Ihre Erstfassung zu beenden, machen Sie sich keine Sorgen. Sie können an der Stelle, an der Sie nicht mehr weiterkommen, ruhig abbrechen. Sie können das Problem zu einem späteren Zeitpunkt analysieren und eine geeignete Lösung finden.

Sie sollten sich jedoch in jedem Fall darüber klar werden, warum Sie kein Ende finden. Fürchten Sie sich vor der Fertigstellung Ihrer Rohfassung? Hängen Sie zu sehr an Ihren Figuren? Oder gibt es einen anderen Grund? Wenn Sie die Ursache erkennen, haben Sie das Problem in der Regel schon gelöst und können weiterschreiben.

Wenn allerdings keiner dieser Gründe auf Sie zutrifft, dann sollten Sie sich noch einmal den armen Snoopy vor Augen führen, der eine Geschichte beenden wollte, für die es keine zentrale Frage gab, und der einen Protagonisten entworfen hatte, der zum Scheitern verurteilt war.

Eine packende Geschichte lebt von dramatischen Konflikten

und von Hindernissen, die es zu überwinden gilt. Allerdings sollte man darauf achten, dass die Ziele des Helden nicht zu hoch gesteckt und die Probleme nicht unlösbar sind. Wenn das bei Ihnen der Fall ist, sollten Sie sich Ihre Karten noch einmal genau ansehen und Ihr Konzept überprüfen. Möglicherweise haben Sie genau deshalb Schwierigkeiten mit dem Schluss Ihrer Geschichte.

Nehmen Sie es sich nicht zu Herzen, wenn Sie einen Denkfehler in Ihrem Konzept entdecken. Das passiert vielen AutorInnen. Das Konzept eines meiner letzten Romane zum Beispiel sah vor, dass sich die Hauptfigur im Vietnamkrieg eines ernsten, aber nachvollziehbaren Vergehens schuldig macht. Für das Ende des Romans hatte ich mir überlegt, dass der Mann von jeder Schuld freigesprochen wird. Als ich dann jedoch das Buch schrieb und mich dem Ende näherte, wurde ich mir in der Beurteilung seiner Tat immer unsicherer, bis ich mich schließlich fragte, ob sein Verhalten wirklich entschuldbar war. Das brachte mir natürlich eine Menge Probleme ein, weil ich nicht wusste, wie ich die zentrale Frage eindeutig beantworten sollte. Ich erkannte schließlich, dass ich meinen Protagonisten falsch konzipiert hatte, und löste das Problem, indem ich mir noch einmal den Anfang der Geschichte vornahm und die Hintergründe der Tat abwandelte. Die Änderungen waren geringfügig – der Held trug nun weit mehr persönliche Verantwortung –, aber sie ermöglichten mir einen Schluss, der die Frage nach seiner Schuld beantwortete und aufzeigte, wie er in seinem künftigen Leben damit fertig werden würde.

Abschließend noch eine Bemerkung zur Gestaltung des Schlusses: Machen Sie nicht den Fehler, Ihren Lesern Ihr Anliegen oder Ihre Botschaft erklären zu wollen. Eine gute Geschichte muss für sich sprechen. Viele Autoren haben ihre Geschichten dadurch ruiniert, dass sie es am Schluss zu gut meinten und ihre Leser mit moralischen Belehrungen oder philosophischen Ergüssen langweilten, statt sich auf ihre wesentliche Aufgabe zu beschränken, die darin besteht, realistische Personen in dramatischen Situationen zu schildern. In einer guten Geschichte vermittelt sich das Anliegen des Autors allein durch die Handlung. Eine schlechte Geschichte, in der dieser Effekt nicht zum Tragen kommt, lässt sich auch nicht durch Erklärungen oder Belehrungen retten.

Zusammenfassung

Innere Anspannung, Zweifel und Unsicherheit vor dem Beginn der Rohfassung sind völlig normal und müssen überwunden werden. Wenn Sie Ihre Planungskarten noch einmal durchgehen, wird Ihnen das genug Sicherheit vermitteln, um Ihre Aufgabe in Angriff zu nehmen. Sie sind bestens gerüstet!

Schwierigkeiten beim Einstieg in die Geschichte können Sie beheben, indem Sie sich noch einmal das Selbstbild und das Ziel Ihrer Figur vornehmen und sich für die Eingangsszene eine einschneidende Veränderung im Leben Ihres Protagonisten überlegen.

Eine eiserne Arbeitsdisziplin – ein festes tägliches Seitenpensum – wird Ihnen helfen, auch über die Anfangsszene hinaus durchzuhalten. Lassen Sie sich nicht durch zeitweilig auftretende Selbstzweifel beirren. Vergessen Sie nicht, dass es zunächst nur darauf ankommt, dass Sie Seiten produzieren. Etwaige Probleme oder Schwachstellen können Sie bei der Überarbeitung beheben.

Der Schluss einer Geschichte muss die zentrale Frage beantworten. Dies erreichen Sie nicht durch Erklärungen oder Belehrungen, sondern durch die Schilderung der Gedanken, Gefühle und Handlungen Ihrer erzählenden Hauptfigur. Wenn die Geschichte stimmt, erschließt sich ihre tiefere Bedeutung ganz von selbst.

14
Fallstricke bei der Arbeit am ersten Entwurf

Zur Kontrolle:

✓ Setzen Sie sich über Ihre Ängste und Selbstzweifel hinweg und beißen sich durch Ihr tägliches Pensum durch?

✓ Halten Sie sich an das Konzept, das Ihnen Ihre Karten vorgeben?

Das vorangegangene Kapitel befasste sich mit den zahlreichen Klippen, die es zu umschiffen gilt, wenn Sie an Ihrem ersten Entwurf arbeiten. Hier möchte ich nun auf einige Kardinalfehler hinweisen, die Sie unbedingt vermeiden sollten, wenn Sie sich die Arbeit an Ihrem Rohentwurf nicht unnötig erschweren wollen.

Zuviel über das eigene Projekt sprechen

Die meisten großen Schriftsteller haben immer wieder davor gewarnt, zu viel über einen gerade entstehenden literarischen Text zu sprechen, da man sonst Gefahr läuft, sich beim intensiven Gedankenaustausch so zu verausgaben, dass beim Schreiben schließlich »die Luft raus« ist. Da dies tatsächlich passieren kann, rate ich Ihnen, in der Entwurfsphase niemanden in die Geheimnisse Ihrer Geschichte einzuweihen, es sei denn, es handelt sich um einen professionellen Autor, der Ihr Projekt begleitet.

Eine weitere Gefahr besteht darin, dass Sie beim Gespräch über Ihr Projekt Ihrem Zuhörer zuliebe bestimmte Details hinzufügen oder weglassen. Wenn Sie beispielsweise Ihrer engsten Freundin von Ihrer Liebesgeschichte erzählen, heben Sie möglicherweise die besonders freizügigen Aspekte hervor. Wenn Sie allerdings mit Ihrer Großmutter darüber sprechen, lassen Sie diese Einzelheiten vielleicht ganz unter den Tisch fallen und gehen stattdessen auf die Atmosphäre oder die Schauplätze ein. Wenn Sie Ihre Geschichte auf die Vorlieben Ihres jeweiligen Gesprächspartners zuschneiden, können Sie leicht Ihr Konzept aus den Augen verlieren.

Genauso fatal kann es sein, einem Freund oder Kollegen, den Sie sehr bewundern, Ihr aktuelles Projekt vorzustellen. Gespannt auf sein Urteil, nehmen Sie sich jede seiner Reaktionen über Gebühr zu Herzen. Vielleicht runzelt er an einer bestimmten Stelle die Stirn, was Sie am nächsten Tag dazu veranlasst, sich völlig verunsichert an Ihren PC zu setzen und die Passage umzuschreiben. Oder er reagiert ausgerechnet auf einen nebensächlichen Aspekt Ihrer Geschichte mit einem anerkennenden Lächeln, so dass Sie wiederum verunsichert sind und sich überlegen, wie Sie diesen Nebenaspekt größer herausstreichen können, was dann Ihrer Geschichte eher schaden als nützen dürfte.

Und noch ein letztes Argument: Die Zeit, die Sie mit Gesprächen über Ihr Projekt verbringen, könnten Sie auch ins Schreiben investieren. Aber mit diesen Hinweisen soll es genug sein.

Andere um Rat fragen

Ebenso problematisch ist es, andere um ihr Urteil oder einen Rat zu bitten. Man wird Ihnen selten eine ehrliche Antwort geben. Die meisten Ihrer Freunde und Bekannten werden Ihre Geschichte loben, auch wenn sie sie vielleicht todlangweilig finden. Sie sind eben rücksichtsvoll und wollen Sie nicht kränken.

Noch schlimmer ist es, wenn sie tatsächlich mit einem Rat aufwarten. Geben Sie sich nicht der Illusion hin, irgendjemand

Ihrer Freunde oder Bekannten könnte Ihre Geschichte besser beurteilen als Sie selbst. Sie sind keine unvoreingenommenen Leser oder gar erfahrene Lektoren. Sie können Ihren Text nicht kritisch beurteilen. Und wenn es sich nicht zufällig um professionelle Autoren handelt, verstehen Sie von der Materie ohnehin nichts.

Obwohl ich Schreibwerkstätten und Literaturbüros für sinnvoll und wichtig halte, können auch sie einiges Unheil anrichten. Wie Sie wissen, stellen die TeilnehmerInnen mancher Schreibwerkstätten ihre Texte regelmäßig zur Diskussion. Die AutorInnen lesen aus ihren Entwürfen vor und hoffen auf das kompetente Urteil ihrer KollegInnen. Doch nach meiner Erfahrung tun sie sich damit in den seltensten Fällen einen Gefallen.

Zum einen liegt das daran, dass man bei diesen Treffen seine Proben in der Regel laut vorliest. Doch das Vortragen von Texten ist eine Kunst. Ein Text, laut vorgelesen, wirkt völlig anders auf uns, als wenn wir ihn selbst lesen. Manche Autoren sind solche begnadeten Vortragskünstler, dass sie ihr Publikum selbst mit Auszügen aus dem Telefonbuch fesseln könnten. Andere wiederum würden sogar John Miltons *Das verlorene Paradies* dröge klingen lassen. Ich kann Ihnen deshalb nur dringend davon abraten, aus Ihrem eigenen Manuskript vorzulesen.

Darüber hinaus habe ich es erlebt, dass AutorInnen, wenn sie auf solchen Treffen aus ihren Entwürfen vorlasen, sich herbe Kritik einhandelten. Manche »ZunftkollegInnen« scheinen nur deshalb Mitglied einer Schreibwerkstatt zu sein, weil sie sich dort profilieren wollen. Diese Wichtigtuer warten nur auf eine Gelegenheit, um die Texte anderer gnadenlos zu zerpflücken. Selbst dann, wenn ihr Urteil im Kern sogar berechtigt sein mag, fällt es in einem solchen Kreis einfach destruktiv aus, was dem öffentlich blamierten Adressaten überhaupt nicht weiterhilft.

In anderen Schreibwerkstätten wiederum erlebt man genau das Gegenteil: Die vorgestellten Texte werden überschwänglich gelobt. Man deutet Tiefsinniges in sie hinein, rühmt einen mittelmäßigen Stil oder prophezeit den großen literarischen Durchbruch, obgleich selbst eine gute Geschichte heutzutage nur einen bescheidenen Erfolg erringen kann.

Solche Unternehmungen enden für den armen Autor entweder mit Verwirrung oder Enttäuschung.

Aber Schreibwerkstätten haben natürlich auch viele nützliche Funktionen. Manche organisieren hervorragende Kurse, andere bieten immerhin einen Ort, an dem Sie sich mit Gleichgesinnten zum ungezwungenen Erfahrungsaustausch treffen können.

Wenn Sie dringend einen Rat benötigen, warten Sie, bis Sie Ihre Geschichte abgeschlossen haben. Erst dann sollten Sie sich Unterstützung holen, am besten bei einem professionellen Autor, der Erfahrung im Umgang mit Neulingen hat, oder bei jemandem, der im Verlagswesen zu Hause ist. Dann können Sie vermutlich Nützliches erfahren.

Trotzdem muss ich Sie warnen: Meine Erfahrungen mit New Yorker Verlagsleuten haben gezeigt, dass man sich selbst auf das Urteil eines Profis nicht immer verlassen kann. Ich habe es erlebt, dass ein Lektor eine meiner Geschichten als »unmöglich« oder unbrauchbar einstufte, während der nächste mir ein lukratives Angebot machte. Die Geschmäcker sind eben verschieden. Begegnen Sie deshalb jedem Rat mit Skepsis.

Die einzige Ausnahme ist die, wenn ein Lektor Ihnen umstandslos einen Vertrag oder einen Scheck schickt und später bloß kleinere Änderungswünsche hat. Nach meiner Einschätzung kann man sich in solchen Fällen auf das Urteil eines Lektors oder Redakteurs verlassen.

Kurzerhand das Konzept über Bord werfen

Dies ist ein erstaunlich häufiges Phänomen, das vor allem in der Entwurfsphase auftritt. Sie ermüden etwas, geraten hier und da ins Stocken, haben so lange auf Ihren Text gestarrt, dass er Ihnen ganz ungelenk vorkommt – und aus heiterem Himmel entsteht in Ihrem Kopf eine neue Idee für Ihre Geschichte. Sie liegen nachts im Bett und denken: »Meine Güte, diese Geschichte ist ja zehn Mal besser als die, an der ich gerade sitze!«

Sollen Sie Ihr Konzept nun im Stich lassen und sich kopfüber in eine neue, viel bessere Geschichte stürzen? Um Himmels Willen, nein! Solche »Inspirationen« stellen sich vor allem beim Schreiben der Rohfassung ein, wenn Ihre Unsicherheit Sie anfällig für Selbstzweifel macht und Sie bereitwillig jeden Gedanken aufgreifen, der Ihnen einen Vorwand liefert, um der vor Ihnen liegenden quälenden Arbeit zu entgehen. Wenn Sie irgendwelche neuen Ideen haben, machen Sie sich klar, dass Ihnen Ihre Fantasie einen Streich spielt: Sie möchte sich lieber an einer neuen Idee versuchen, als sich eisern an Ihrer Geschichte abzuarbeiten. Bleiben Sie bei Ihrem Konzept!

Wenn Ihnen Ihre neue Idee allerdings keine Ruhe lässt, dann nehmen Sie zwei, höchstens drei Karten und skizzieren Sie darauf so knapp wie möglich Ihre Eingebung als Grundkonzept einer zusätzlichen Geschichte, die Sie später immer noch in Angriff nehmen können. Richten Sie in Ihrem Karteikasten ein neues Fach mit der Überschrift »Ideen« ein und legen Sie die Karten dort ab. Arbeiten Sie dann an Ihrer jetzigen Geschichte weiter.

So können Sie Ihrer neuen Idee gerecht werden, ohne Ihr gegenwärtiges Projekt zu gefährden oder gar aufzugeben. Und nicht nur das: Wenn Sie den neuen Gedanken auf einer Karte fixiert haben, wird sich Ihr Unterbewusstsein weiter mit ihm beschäftigen, auch wenn Sie sich wieder Ihrer aktuellen Geschichte zugewandt haben. Sie haben also nichts verloren, sondern nur gewonnen.

Zu viel lesen

Wenn Sie während der Arbeit an Ihrem Entwurf viele andere Prosatexte lesen, kann dies zwei unerwünschte Folgen haben:

Zum einen laufen Sie Gefahr, sich entmutigen zu lassen. Sie lesen einen wunderbaren Text und fragen sich verunsichert, ob Sie wohl je etwas Vergleichbares zustande bringen werden.

Zum anderen kann es passieren, dass Sie andere Schriftsteller unbewusst kopieren.

Viele AutorInnen haben mir von diesem Problem berichtet, und auch ich habe diese Erfahrung gemacht. Einer meiner Lieblingsautoren ist Jack Higgins. Ich lese aber nie einen Roman von ihm, wenn ich gerade an einem eigenen Entwurf arbeite. Wenn ich mich zu intensiv mit ihm befasse, wird mein Stil seinem immer ähnlicher, und meine Figuren geraten mir so kühl und finster wie einige der seinen, selbst wenn ich es nicht will.

Deshalb mein Rat: Auch wenn Sie wie die meisten AutorInnen ein Büchernarr sind, sollten Sie in der kritischen Phase des ersten Entwurfs möglichst wenig Prosatexte lesen. Erst dann, wenn Sie Ihre Rohfassung fertig gestellt haben und Ihre Geschichte mehr oder weniger steht, können Sie sich wieder an die Werke anderer Autoren heranwagen.

Selbstzweifeln erliegen

Rückschläge, Entmutigung und quälende Selbstzweifel gehören zum kreativen Prozess des Schreibens wie das Amen in die Kirche. Vielleicht brüten Sie über Seite sechs Ihres Entwurfs und denken: »Ich habe einfach nicht genug Talent«, oder: »Die Sache liegt mir eben nicht.« Oder am allerschlimmsten: »Ich produziere doch nur Murks.«

Während meiner zwanzigjährigen Tätigkeit als Leiter von Schreibseminaren sind mir unzählige StudentInnen begegnet, die fürchteten, nichts als »Murks zu produzieren«. Solche Zweifel stellen sich häufig ein, wenn man erschöpft ist, aber trotzdem verbissen weiterarbeitet; dann verzerrt sich unsere Wahrnehmung, und unser Text erscheint uns plötzlich als völlig unbrauchbar.

Ich kann nur immer wieder betonen, dass Selbstzweifel etwas ganz Normales sind. Gerade während der Entwurfsphase, in der man mit vielfältigen Schwierigkeiten zu kämpfen hat, ist man weit anfälliger für Selbstzweifel als in der Planungs- oder Überarbeitungsphase. Manche werden von diesen Gefühlen so überwältigt, dass sie ihre Arbeit abbrechen. Lassen Sie es nicht so weit kommen.

Eine positive Einstellung ist wichtig

Solche Zweifel, Ängste und Unsicherheiten können Sie mit Hilfe einer einfachen Übung erheblich verringern. Dafür benötigen Sie so genannte »Traumkarten«. Nehmen Sie sich eine Karte und notieren Sie darauf Sätze wie:

– Ich arbeite an meiner besten Geschichte.
– Diese Geschichte wird mir wunderbar gelingen.
– Diese Geschichte wird sich gut verkaufen.
– Ich werde Erfolg haben.

Nehmen Sie eine weitere Karte und schildern Sie mit etwa 25 Wörtern, wie ein Lektor Ihre Geschichte in den höchsten Tönen lobt.

Nehmen Sie eine dritte Karte. Lehnen Sie sich zurück und malen Sie sich Ihren schriftstellerischen Erfolg in den leuchtendsten Farben aus. Beschreiben Sie Ihre Gefühle, wenn Ihnen gelungen sein wird, wovon Sie jetzt träumen. Lassen Sie Ihr neues Leben an Ihrem inneren Auge vorbeiziehen. Glauben Sie daran.

Nachdem Sie derart Ihre ganze Fantasie mobilisiert haben, beschreiben Sie auf der dritten Karte kurz, wie froh Sie über diese wunderbaren Aussichten sind.

Mit Hilfe dieser Übung werden Sie Ihre Ängste und Selbstzweifel abbauen. Auch mir hat sie geholfen, zehn Jahre durchzuhalten, bis ich schließlich meinen ersten Text veröffentlichte.

Ihr Traum kann wahr werden, wenn Sie an ihn glauben und auf Ihr Ziel hinarbeiten. Er *wird* wahr werden.

Den Mut nicht verlieren und sich durchbeißen. Das ist es, was einen wahren Autor ausmacht.

Beenden Sie Ihren Entwurf – der mit Sicherheit Ihre kühnsten Erwartungen übertrifft –, und fahren Sie erst dann mit Kapitel 15 fort.

Zusammenfassung

Wenn Sie vor der schwierigen Aufgabe stehen, Ihre Erstfassung zu schreiben, gilt es eine Menge Hindernisse zu überwinden und Fehler zu vermeiden, mit denen Sie sich die Arbeit unnötig erschweren können. Einige dieser Fehler rühren von schwindendem Selbstvertrauen und dem Bedürfnis her, sich bei anderen Menschen Rat zu holen, die allerdings weit weniger von der Materie verstehen dürften als man selbst.

Es ist manchmal schwierig, den Mut nicht zu verlieren, aber als AutorIn sollten, ja müssen Sie sich eine positive Grundeinstellung zu Eigen machen. Dabei können Ihnen einige »Traumkarten« hilfreich sein, auf denen Sie sich Ihre erfolgreiche Zukunft ausmalen.

15
Die Überarbeitung – erster Durchgang

Zur Kontrolle:
✓ Haben Sie Ihre fertige Erstfassung ausgedruckt vor sich liegen?

Meinen Glückwunsch! Sie haben Ihren Entwurf fertig gestellt. Das bedeutet, dass Sie mehr erreicht haben als 99 Prozent all jener, die gerne Schriftsteller wären. Sie haben es geschafft! Auch wenn Sie bereits viele Geschichten geschrieben haben, so sind Sie diesmal wie ein Profi vorgegangen, und das sieht man Ihrem Text auch an.

Aber die Sache hat natürlich einen Haken. Sie müssen Ihren Entwurf überarbeiten. Und wahrscheinlich sind Sie im Moment etwas erschöpft. Halten Sie sich vor Augen, dass der aufreibendste Teil Ihrer Arbeit jedoch bereits hinter Ihnen liegt. Jetzt haben Sie einen Text vor sich, mit dem Sie arbeiten können. Sie haben sich durch schlimme Phasen der Verunsicherung und Selbstzweifel durchgebissen. Nun geht es ans Polieren und Ausfeilen, damit Ihre Geschichte besser wird, als Sie es sich noch vor Wochen vorstellen konnten.

Das heißt natürlich nicht, dass die Überarbeitung eines Prosatextes ein Kinderspiel ist. Keineswegs. Uns allen widerstrebt es zutiefst, unseren »kostbaren« Entwurf zu ändern. Wenn wir jedoch systematisch vorgehen und uns eine positive, aber selbstkritische Haltung bewahren, wird uns die Überarbeitung relativ wenig Probleme bereiten.

Befassen wir uns nun einmal genauer mit dem Überarbeitungsprozess.

15. Die Überarbeitung – erster Durchgang

Auch wenn man manchmal den Eindruck gewinnen könnte, dass es sich bei der Überarbeitung um einen komplizierten, schier endlosen Prozess handelt, so lässt sie sich durchaus klar strukturieren. Sie besteht im Wesentlichen aus zwei getrennten Arbeitsgängen, die völlig unterschiedliche Schwerpunkte haben.

Der erste Arbeitsgang umfasst alle notwendigen Änderungen und Korrekturen, die uns bereits beim Schreiben der Rohfassung aufgefallen sind. Ich habe im vorigen Kapitel geltend gemacht, dass wir in der Regel den Schreibfluss nicht unterbrechen dürfen, indem wir noch einmal zurückgehen und etwas ausbessern, sondern wir machen uns entweder auf dem Ausdruck eine Randnotiz oder wir skizzieren auf einer Überarbeitungskarte schnell die gewünschten Änderungen. Selbst wenn uns unsere Erstfassung auf Anhieb recht gut gelingt, haben wir auf diese Weise eine Menge Stellen oder auch notorische Schwachpunkte vermerkt, die wir uns beim zweiten Durchgang auszubügeln vornehmen. Möglicherweise möchten wir im Nachhinein die äußere Erscheinung einer Figur ändern, oder wir finden ein wirkungsvolleres sprachliches Erkennungsmerkmal. Oder uns ist klar geworden, dass wir ein, zwei Absätze einfügen müssen, um einen Schauplatz einzuführen, der später noch wichtig wird. Vielleicht ist uns beim Schreiben auch aufgefallen, dass die Namen zweier Figuren zu ähnlich klingen, so dass wir beim zweiten Durchgang einen von beiden ändern müssen.

Solche Nachbesserungen können und sollten Sie sofort nach Fertigstellung Ihres Entwurfs in Angriff nehmen.

Denken Sie jedoch daran, dass es noch nicht darum geht, eine Endfassung zu erstellen. Wenn Ihnen bei diesem ersten Korrekturdurchgang weitere Schwachstellen auffallen, markieren Sie diese mit einem Buntstift – beispielsweise Unstimmigkeiten im Handlungsschema in Rot oder Mängel in der Figurencharakterisierung in Grün. Sie können sich kleinere inhaltliche Korrekturen auch auf Zetteln notieren und diese in Ihr Manuskript einkleben.

Wenn Sie am PC arbeiten, können Sie die notwendigen Änderungen gleich einarbeiten, wenn Sie möchten. Drucken Sie die neue Fassung jedoch noch nicht aus.

Diese Korrekturen nehmen höchstens einige Stunden in Anspruch. Wie beim Schreiben der Rohfassung sollten Sie jedoch einen regelmäßigen Arbeitsrhythmus beibehalten, auch wenn Sie sich kein festes Seitenpensum mehr setzen können. Eine Namensänderung kostet Sie beispielsweise nur wenige Minuten, wohingegen nachträgliche Recherchen in einer Bibliothek oder im Internet Stunden, wenn nicht gar Tage brauchen können.

Lassen Sie Ihren Text ruhen

Nach dem ersten Korrekturdurchgang sieht Ihr Manuskript vielleicht chaotisch aus: Anstreichungen und handschriftliche Randbemerkungen aller Art, eingefügte Blätter, hier und da eingeklebte Textschnipsel oder auch Seiten, aus denen Sie überflüssige Passagen herausgeschnitten haben. Wenn Sie am PC arbeiten, haben Sie natürlich kein solches Papierchaos vor sich, aber auch Ihre Textdatei dürfte sich erheblich verändert haben. Wenn Sie möchten, können Sie jetzt die neueste Fassung Ihres Manuskripts ausdrucken, Sie können aber auch noch damit warten.

Als Nächstes sollten Sie sich und Ihrem Manuskript ein wenig Ruhe gönnen. Sie müssen zu der konzentrierten Arbeit, die Sie gerade hinter sich haben, etwas Abstand gewinnen.

Das bedeutet, dass Sie Ihren Text mindestens eine Woche lange nicht in die Hand nehmen sollten.

Warum? Jeder Schreibende weiß, dass es so gut wie unmöglich ist, sein eigenes Werk so unvoreingenommen zu beurteilen wie die Leser. Manchmal sehen wir Zusammenhänge, die sich gar nicht aus dem Text erschließen. Oder wir sind so in unsere Geschichte verliebt, dass wir Unstimmigkeiten übersehen. Oder aber wir sind so erschöpft und ausgelaugt oder auch demoralisiert, weil wir eine Diskrepanz zwischen unserem Konzept und unserer Textfassung entdeckt haben, dass wir jeden Satz verwünschen, den wir zu Papier gebracht haben. Und die Überraschungs- und Spannungsmomente, die wir so sorgsam in unsere Geschichte eingebaut haben, üben auf uns natürlich keine Wirkung mehr aus. Es ist unmöglich, unseren eigenen Text mit der gespannten Neugier zu lesen, die einen ahnungslosen Leser in Bann schlägt.

Doch auch eine selbst verordnete Ruhepause von ein oder zwei Wochen kann keine Wunder bewirken. Auch dann werden Sie Ihre Geschichte nicht mit den Augen eines unbefangenen Lesers lesen können. Ich selbst habe die ernüchternde Entdeckung gemacht, dass etwa zwanzig Jahre vergehen müssen, ehe ich meine eigenen Texte annähernd objektiv beurteilen kann.

Offenkundig haben wir keine zwanzig Jahre Zeit, um unsere Geschichte »auf Eis zu legen«. Aber wir können von einer einwöchigen Verschnaufpause enorm profitieren, wenn wir sie sinnvoll nutzen.

Ihre nächste Aufgabe besteht also darin, Ihr Manuskript in Ihrer Schreibtischschublade verschwinden zu lassen und sich fest vorzunehmen, es mindestens eine Woche lang nicht mehr anzurühren. Dasselbe gilt für Ihr Kartenschema: Verstecken Sie es irgendwo oder hängen Sie ein großes Stück Packpapier drüber, wenn Sie Ihre Karten an einer Pinnwand arrangiert haben.

Trotz dieser Vorkehrungen muss das Sprichwort »aus den Augen, aus dem Sinn« in unserem Fall nicht unbedingt gelten. Vielleicht ertappen Sie sich dabei, dass Sie über Ihre Geschichte nachgrübeln oder gar weitere Änderungen erwägen. Wenn dem so ist, können Sie sich ruhig eine Karte nehmen und Ihre Überarbeitungsideen kurz notieren. Aber dann legen Sie auch diese Karte weit weg!

Um Abstand zu Ihrem aktuellen Projekt zu gewinnen und sich eine wohlverdiente Atempause zu gönnen, sollten Sie sich nun ganz anderen Dingen widmen. Beispielsweise wäre jetzt eine ideale Gelegenheit, sich um den vernachlässigten Garten zu kümmern oder überfällige Reparaturen zu erledigen. Wenn Sie gerne lesen, entspannen Sie sich bei der Lektüre von Büchern, die Sie beim Schreiben Ihrer Rohfassung wohlweislich gemieden haben. Spielen Sie Tennis oder Golf, gehen Sie angeln oder stricken Sie einen Pullover, wenn Ihnen danach ist. Meditieren Sie. Sehen Sie sich einen Film an. Fahren Sie Rad. Widmen Sie sich Ihrem Liebesleben. Gehen Sie in die Kirche. Backen Sie einen Kuchen. Laden Sie einen vernachlässigten Freund zum Essen ein (und verlieren Sie kein Wort über Ihr Projekt!). Solche Aktivitäten, vor allem wenn sie mit einer gewissen körperlichen Betätigung verbunden sind, werden Sie entspannen, Ihnen den nötigen inneren Abstand verschaffen und Körper und Geist erfrischen, so dass Sie für die vor Ihnen liegende Aufgabe optimal gerüstet sind.

Wenn Ihnen Ihre Geschichte hin und wieder im Kopf herumgeht, machen Sie sich keine Vorwürfe, weil Sie nicht genügend Distanz gewonnen haben. Sie können Ihre Arbeit nicht völlig ausblenden. Aber verfallen Sie nicht ins Brüten und Tüfteln. Lassen Sie Ihre Gedanken zu, ohne sich an ihnen festzubeißen.

Viele AutorInnen machen die Erfahrung, dass Sie jetzt über eine völlig neue Geschichte nachdenken. Manche greifen den »genialen Einfall« auf, den sie beim Schreiben ihrer Rohfassung hatten. Wenn wir mit neuen Ideen spielen, hat dies zumindest den Vorteil, dass es uns von dem Manuskript in unserer Schreibtischschublade ablenkt. Was immer Sie tun, sorgen Sie dafür, dass Sie so wenig wie möglich an das Projekt denken, mit dem Sie sich so lange und intensiv beschäftigt haben.

Zusammenfassung

Die Überarbeitung der Erstfassung fällt leichter, wenn man das Manuskript erst einmal eine Weile »auf Eis legt«, denn es ist unmöglich, den eigenen Text unmittelbar nach seiner Fertigstellung auch nur annähernd objektiv zu beurteilen.

Inhaltliche Korrekturen oder auch kleinere Änderungen im Handlungsschema können umgehend in Angriff genommen werden. Doch die stilistische Feinarbeit sollte mindestens eine Woche warten.

Während dieser Zeit sollten Sie möglichst nicht an Ihr Projekt denken und sich mit Dingen beschäftigen, die Sie beleben und entspannen. Bewegung an der frischen Luft oder auch körperliches Training sind besonders sinnvoll.

Auszeit

Erzähltechniken: Rückblende, Dialog, Stimme

Während Sie Ihr Manuskript noch ein wenig ruhen lassen, will ich Ihnen in dieser Auszeit ein paar Erzähltechniken näher bringen, die vielen AutorInnen Kopfzerbrechen bereiten und deshalb immer wieder Thema von Schreibseminaren sind. Möglicherweise sind Sie beim Schreiben Ihrer Rohfassung auf Schwierigkeiten gestoßen, die sich mit Hilfe dieser Techniken beheben lassen. Die folgenden Ausführungen könnten Ihnen deshalb von Nutzen sein.

Die Rückblende

Eine Erzähltechnik, die beinahe auf allen Schreibseminaren angesprochen wird, ist die Rückblende. Ich werde bei solchen Gelegenheiten immer wieder gefragt: »Soll ich Rückblenden einsetzen?«

Meine kurze Standardantwort auf diese Frage lautet: »Das kommt darauf an.«

Manchmal lasse ich mich allerdings auch zu einer etwas ausführlicheren Reaktion hinreißen: »Ach, fangen Sie erst gar nicht damit an, sich Ihren Kopf über Nebensächlichkeiten zu zerbrechen.«

Sie haben bisher in diesem Buch alle wesentlichen Elemente der Kurzprosa kennen gelernt. Die Rückblende gehört zu den zusätzlichen Techniken, die man einsetzen kann, aber nicht muss.

Obwohl man also ohne weiteres auch ohne sie auskommt, sollten Sie zumindest wissen, was eine Rückblende ist und Sie sich ihrer notfalls bedienen können.

Eine Rückblende ist eine in den Erzählstrang eingeflochtene Szene, die ein Geschehen schildert, das sich in der Vergangenheit abgespielt hat – wahrscheinlich zu einem Zeitpunkt, bevor die eigentliche Handlung einsetzt – und das nun direkt vor den Augen des Lesers abläuft.

Nehmen wir beispielsweise eine Auseinandersetzung zwischen einer Hauptfigur namens Nicole und ihrem untreuen Ehemann, in deren Verlauf sich die Protagonistin an einen schlimmen Streit mit ihrem Vater erinnert. Wenn das vergangene Erlebnis für Nicole wirklich einschneidend war und wenn es für die aktuelle Handlung von zentraler Bedeutung ist, kann es sich für den Autor als sinnvoll erweisen, die laufende Handlung zu unterbrechen und die dramatische Szene aus Nicoles Vergangenheit direkt vor den Augen der Leser ablaufen zu lassen.

Für die Verwendung einer Rückblende muss es wirklich gute Gründe geben. In unserem Beispiel ist das vergangene Erlebnis eben nicht nur einschneidend, sondern auch von zentraler Bedeutung für die aktuelle Handlung. Beide Kriterien müssen erfüllt sein, ehe man eine Rückblende überhaupt in Erwägung zieht. Es reicht nicht, dass sie sich bloß als Möglichkeit anbietet. In diesem Fall sollten Sie die Finger davon lassen und sich nicht damit belasten.

Ich habe Geschichten von StudentInnen gelesen, in denen die banalste vergangene Begebenheit in die gegenwärtige Handlung hineingezwungen und zu einer minuziösen Rückblende ausgewalzt wurde, obwohl sie keine zentrale Bedeutung für die Geschichte hatte und mühelos hätte in einen Satz zusammengefasst oder gar ganz weggelassen werden können. Als ich einmal eine Studentin nach dem Grund für ihre Rückblende fragte, antwortete sie: »Ich dachte einfach, ich müsste irgendwo eine einbauen.«

Begehen Sie also nicht den verhängnisvollen Fehler, bestimmte literarische Kunstgriffe anwenden zu wollen, weil es sie nun einmal gibt.

Ich habe Ihnen ja bereits verschiedentlich deutlich gemacht, dass Sie den Hintergrund Ihrer Hauptfiguren sorgfältig planen und ausarbeiten müssen. Dazu gehört auch eine genaue Vorstellung von den Ereignissen, die sich vor Beginn der eigentlichen Handlung abgespielt haben. Jede Geschichte basiert auf einer Vorgeschichte, die der Autor sich ebenfalls ausgedacht hat, die aber zu 99 Prozent in der Geschichte selbst nicht zur Sprache kommt. Die implizite Vorgeschichte ist also für den Handlungsablauf unverzichtbar, aber das darf Sie nicht dazu verleiten, sie in Form von Rückblenden doch in Ihre Handlung integrieren zu wollen.

Wenn aber an einer Rückblende wohlerwogenerweise kein Weg vorbeiführt, wie baut man dann ein vergangenes Ereignis möglichst geschickt in das gegenwärtige Geschehen ein? Beispielsweise dadurch, dass man die erzählende Hauptfigur über die Begebenheit nachdenken lässt. Natürlich könnte man auch zwei Figuren auftreten lassen, die sich über das Ereignis unterhalten. Oder man rückt die Episode mit Hilfe eines alten Zeitungsausschnitts oder eines Briefes in den Vordergrund.

Bevor Sie allerdings eine Rückblende in Erwägung ziehen, nehmen Sie sich noch einmal Ihre Geschichte vor und überlegen Sie, welche Elemente der Vorgeschichte wirklich in der aktuellen Handlung erwähnt werden müssen. Bedenken Sie, dass sich die Leser kein bisschen für das Vorleben Ihrer Figuren interessieren, es sei denn, deren biografische Verwicklungen haben unmittelbare Auswirkungen auf das aktuelle Geschehen, das heißt, auf die Motive und Handlungen der gerade agierenden Figuren.

Wenn Sie zu dem Schluss gelangen, dass ein bestimmtes Element Ihrer Vorgeschichte unbedingt in den Vordergrund gerückt werden muss, ringen Sie sich zu einer möglichst kurzen Form der

Darstellung durch. Vertrauen Sie darauf, dass Sie genau erkennen, wann eine Rückblende wirklich unumgänglich ist. Gestalten Sie diese dann wie eine ganz normale Szene.

Der Dialog

Es mag Sie überraschen, den Dialog unter der Rubrik Erzähltechniken aufgeführt zu sehen. Schließlich habe ich Ihnen bereits in der ersten Auszeit erläutert, dass der Dialog ein wesentlicher Bestandteil der klassischen Kurzgeschichte ist: Mit seiner Hilfe lassen sich Figuren charakterisieren, die Handlung vorantreiben und sogar die Leser über bestimmte Ereignisse informieren.

Darüber hinaus können Dialoge aber auch noch andere Funktionen wahrnehmen, mit denen Sie sich als angehender Autor getrost näher befassen sollten.

In den meisten modernen Kurzgeschichten gehören Dialogpassagen zu den Handlungselementen, die sich am schnellsten lesen: Die Figuren haben eine knappe Ausdrucksweise und reden oft nur in Halbsätzen. Wenn Sie einige Seiten mit solchen Dialogen abtippen würden, könnten Sie feststellen, dass die rechte Hälfte der Seiten fast leer ist, da die kurzen Dialogsätze selten eine ganze Zeile ausfüllen. Darüber hinaus ist Ihnen gewiss schon aufgefallen, dass die Dialoge meist an Stellen eingesetzt werden, in denen die Spannung ihren Höhepunkt erreicht, häufig in Konfliktsituationen.

Da es in Dialogpassagen also meist um hochbrisante Dinge geht, fliegen die Augen des Lesers nur so über die Sätze, während er gebannt die Szene verfolgt. Durch die Kürze der Sätze und Absätze wird das Lesetempo sogar noch beschleunigt.

Aufgrund dieser Effekte können Sie mit Hilfe des Dialogs das Tempo Ihrer Geschichte bestimmen. Wenn Ihnen die Handlung zu schleppend vorangeht, können Sie sie durch eine Dialogpassage beschleunigen. Wenn Sie dagegen das Tempo Ihrer Geschichte drosseln möchten, können Sie bestimmte Dialoge durch ruhigere, beschreibende Passagen ersetzen und auf die Gedanken der Figuren näher eingehen.

Es kann für jeden Autor nützlich sein, sich hin und wieder die eigenen Dialoge vorzunehmen und ihr Tempo mit dem anderer Passagen der Geschichte zu vergleichen. Wie in der ersten Auszeit erläutert, ist die knappe, präzise Darstellung von Ereignissen wahrscheinlich die schnellste Form des Erzählens. Der Dialog dürfte jedoch an zweiter Stelle stehen. Treiben Ihre Dialoge an spannenden Stellen die Handlung voran? Achten Sie beim Schreiben Ihrer Dialoge immer darauf, dass sie das Tempo Ihrer Geschichte beeinflussen?

Der Dialog hat aber auch noch andere nützliche Funktionen. Er lässt sich beispielsweise zur Beschreibung von Schauplätzen und zur Charakterisierung von Figuren einsetzen.

Heutzutage werden ausgeprägte Dialekte oder Akzente im Dialog kaum noch eingesetzt. Ein Autor, der mit diesen Mitteln arbeitet, muss damit rechnen, für rassistisch, intolerant oder arrogant gehalten zu werden, auch wenn es ihm nur um Authentizität geht. Wenn man subtil vorgeht, kann man den Dialog jedoch durchaus einsetzen, um ein bestimmtes Lokalkolorit oder den Hintergrund einer Figur zu vermitteln.

Beispielsweise könnte man die Herkunft einer Figur andeuten, indem man ihr bestimmte Ausdrucksweisen oder Wörter in den Mund legt wie etwa »Grüß Gott« oder »Semmeln«; allerdings sollte man nicht zu dick auftragen. Wenn Sie jedoch eine Ihrer Figuren in breitem Dialekt reden lassen, könnte sie leicht einfältig oder provinziell wirken. Ebenso könnten Sie eine italienische Herkunft andeuten, indem Sie eine Figur von Pasta asciutta und einem guten Glas Chianti schwärmen lassen. Wenn Sie allerdings versuchen, einen italienischen Akzent nachzuahmen, setzen Sie sich vermutlich dem Vorwurf aus, dass Sie die Figur ins Lächerliche ziehen wollen.

Sie können also durchaus mit Hilfe des Dialogs die Herkunft einer Figur verdeutlichen. Aber Sie sollten dabei äußerst behutsam vorgehen.

Man könnte einer Geschichte aber auch Lokalkolorit verleihen, indem man auf die heikle Verwendung von Akzenten oder Dialekten ganz verzichtet und sich stattdessen auf den *Inhalt* der Dialoge konzentriert. In einer Geschichte, die beispielsweise in einem Ort am Mississippi spielt, könnten die Figuren von einem Picknickplatz »am Fluss« sprechen, ohne dass je ein Picknick geschildert wird. Oder sie könnten sich darüber unterhalten, dass bei Dauerregen der Pegelstand »des Flusses« steigt. Jemand könnte auch erwähnen, dass gerade die Brücke »über den Fluss« repariert wird. Eine Figur könnte aber auch von lautlosen Nächten erzählen, in denen man das ferne Rauschen »des Flusses« hört.

Wenn unsere Geschichte in einer Großstadt spielt, könnten wir dies beispielsweise problemlos in einem kurzen Dialog anklingen lassen:

> »Ständig dieser Krach«, sagte Daniel.
> »Welcher Krach?«, fragte Peter verdutzt.
> »Na, dieser dauernde Verkehrslärm. Und dann diese Sirenen – noch ein Unfall, noch ein Verbrechen. Das kann einen wahnsinnig machen.«
> Peter schwieg einen Moment. »Na ja«, sagte er schließlich. »Irgendwie gewöhnt man sich daran.«

Wie Sie bestimmt bemerkt haben, dient dieser kurze Dialog nicht nur der Beschreibung des Schauplatzes, sondern auch der Charakterisierung der beiden Figuren. Wir erfahren, dass Daniel ziemlich gestresst ist, und dass Peter, der offenbar schon länger in der Stadt lebt, den Verkehrslärm gar nicht mehr wahrnimmt. In einer Kurzgeschichte sollte der Dialog möglichst mehrere Funktionen zugleich erfüllen, damit keine kostbaren Worte verschenkt werden.

Die Verwendung des Dialogs zur Beschreibung von Schauplätzen ist ein nützliches Instrument, das leider viel zu wenig genutzt wird. Ich empfehle Ihnen daher, in einem Ihrer letzten Überarbeitungsgänge dafür zu sorgen, dass sich Ihre Figuren hier und da über einen Aspekt ihrer Umgebung kurz unterhalten; Ihre Schauplätze werden dann für die Leser viel plastischer.

Sie können mit Hilfe des Dialogs aber auch Einblick in das Innenleben einer Figur geben. Allerdings sollten Sie auch von dieser Technik nur sparsam Gebrauch machen, sonst kann bei den Lesern der Eindruck entstehen, Sie könnten bestimmte Informationen nur mit Hilfe des Dialogs übermitteln. Wenn Sie die Technik jedoch maßvoll einsetzen, kann Sie Ihnen von großem Nutzen sein.

Wenn Sie beispielsweise aus der Sicht von Figur A erzählen und den Lesern unbedingt übermitteln möchten, was in Figur B vorgeht, liegt es nahe, die Perspektive zu wechseln. Doch wie bereits erläutert, können solche Perspektivwechsel den Leser verwirren oder den Erzählfluss stören. Was ist also zu tun? Figur B könnte ihre Gedanken einfach laut aussprechen oder aber Figur A könnte mit einer Frage oder Behauptung etwas über das Innenleben von Figur B verraten. Das hört sich komplizierter an, als es ist. In den folgenden Beispielen zeige ich Ihnen, wie einfach sich diese Technik anwenden lässt.

Nehmen wir noch einmal ein Gespräch zwischen Daniel und Peter. Sie schildern die Szene aus Daniels Sicht. Aber Ihnen kommt es darauf an, den Lesern mitzuteilen, dass Peter nicht nur besorgt ist, sondern auch vor Daniel etwas verbirgt oder ihn gar belügt.

Am einfachsten wäre es natürlich, die Perspektive zu wechseln, worauf wir jedoch aus den genannten Gründen lieber verzichten. Also greifen wir auf den Dialog zurück:

Daniel musterte das Gesicht seines Freundes. *(Daniel wird hiermit als erzählende Hauptfigur eingeführt.)*

> Als er Peters besorgte Miene sah, fragte er ihn: »Was hast du?«
> »Nichts«, gab Peter barsch zurück.
> »Du verschweigst mir doch etwas«, bohrte Daniel weiter ...

Daniels Beobachtung und der kurze Dialog verraten den Lesern, dass Peter sehr besorgt ist und irgendetwas zurückhält.

Nehmen wir nun einmal an, Sie wollten den Lesern vermitteln, dass Peter lügt. Nichts einfacher als das: Peter müsste etwas sagen, von dem Daniel genau weiß, dass es nicht stimmt, worauf dieser Peter vorwirft, dass er lügt; Peter wiederum würde dies wütend von sich weisen und irgendetwas behaupten, das Daniel ihm genauso wenig glaubt.

Wenn Sie diese Technik einmal ausprobieren möchten, dann formulieren Sie die eben beschriebene Situation doch einfach mal als Dialog aus.

So nützlich diese Methode auch ist, übertreiben Sie es nicht. Und machen Sie nicht den Fehler, eine Figur umständlich etwas erklären zu lassen, das sich aus dem Gespräch ergeben sollte. Der folgende Dialog wäre beispielsweise völlig missglückt:

> »Was ist los mit dir?«, fragte Daniel.
> »Ich mache mir solche Sorgen«, erwiderte Peter. »Ich habe wegen der Geschichte gestern Abend kein Auge zugetan. Und jetzt habe ich wahnsinnige Kopfschmerzen. Aber ich habe keine Lust darüber zu reden. Außerdem geht es dich auch gar nichts an. Und wenn du mich trotzdem danach fragst, lüge ich dich an, weil ...«

Wie Sie sehen, wirkt dieser Dialog plump und unbeholfen. Zudem handelt es sich hier eher um einen getarnten Monolog – eine Form der Rede, die Sie unbedingt vermeiden sollten.

Die Stimme

Alle guten Autoren haben eine »Stimme«, eine ihnen eigene Kombination aus Inhalt, Thema und Sprache, die ihrem Werk eine charakteristische Färbung gibt. Die Stimme Edgar Allan

Poes ist nicht die von John Updike; die Stimme Ernest Hemingways ist nicht mit der Stimme Daphne du Mauriers zu verwechseln. Wenn ein Autor sein Handwerk versteht, verschmelzen alle Bestandteile seiner Geschichte zu einem Ganzen, so dass nur noch seine Stimme zu hören ist.

Viele von uns werden nicht zuletzt deshalb zum Schreiben inspiriert, weil uns Stil und Stimme eines Autors so beeindrucken, dass wir ihm nacheifern wollen. Anfangs ringen wir um einen eigenen Stil, aus dem wir dann eine charakteristische Stimme entwickeln wollen. Leider jedoch lässt sich unsere Autorenstimme nicht entwickeln, sondern sie stellt sich irgendwann ganz von selbst ein. Das Ringen um eine unverwechselbare Stimme ist vergleichbar mit dem Versuch, uns an einen Namen zu erinnern, der uns auf der Zunge liegt: Je angestrengter und konzentrierter wir uns dieses Namens bemächtigen wollen, desto hartnäckiger entzieht er sich uns. Erst wenn wir an etwas ganz anderes denken, fällt er uns plötzlich ein.

Da jedoch vielen AutorInnen dieses Thema am Herzen liegt, möchte ich ein paar allgemeine Bemerkungen dazu machen.

Zunächst einmal ist es die Geschichte selbst, die Ihre Stimme beeinflusst. Ein knallharter Krimi lässt sich kaum mit derselben Stimme erzählen wie eine romantische Liebesgeschichte. Unterschiedliche Themen und Inhalte geben auch unterschiedliche sprachliche Färbungen vor.

Aber im Rahmen dieser thematischen Bandbreite, dieser Fülle verschiedener Genres sind Sie es selber, der mit eigener Stimme spricht. Die Stimme eines Autors beruht auf seiner Wortwahl, seiner Syntax und seinem Erzählrhythmus. Sehen wir uns diese drei Aspekte einmal kurz an.

Wenn Sie sich beispielsweise eines anspruchsvollen Wortschatzes befleißigen, kann es sein, dass Ihre Stimme wie die eines Hochschulprofessors klingt, spröde und gelehrsam. Wenn Sie dagegen ein Kinderbuch schreiben und mit der Stimme einer

Siebenjährigen sprechen, greifen Sie natürlich auf einen eher schlichten Wortschatz zurück. Ihre Wortwahl kann also einen erheblichen Einfluss auf Ihre Stimme haben.

Ebenso kann sich Ihre Herkunft auf subtile Weise auf Ihre Stimme niederschlagen. Wenn Sie beispielsweise aus Süddeutschland stammen, bevorzugen Sie vermutlich Begriffe wie »Samstag« oder »Nachtessen«, während ein Autor aus dem Norden eher »Sonnabend« oder »Abendessen« sagen würde. Und wenn Sie eine Figur bei einem Picknick sich »niederknien« ließen, verrieten Sie sich ziemlich sicher als jemand ohne sonderliche kirchliche Bindungen, weil ein gläubiger Autor kaum je auf die Idee käme, das Wort »niederknien« in einem anderen als einem religiösen Zusammenhang zu benutzen.

Solche unbewussten Präferenzen bei der Wortwahl können die eigene Stimme kennzeichnen.

Auch die Syntax spielt eine Rolle. Bevorzugen Sie einfache Aussagesätze oder eher verschachtelte Konstruktionen? Neigen Sie zu kurzen oder eher langen Sätzen? Strukturieren Sie Ihre Absätze nach klassischem Muster, indem Sie Begebenheiten chronologisch schildern, oder bevorzugen Sie eher einen journalistischen Stil und rollen die Ereignisse von hinten auf? Verwenden Sie manchmal Satzfragmente, um eine spezielle Wirkung zu erzielen? Bestehen Ihre Sätze im Schnitt aus zwölf bis zwanzig Wörtern oder verwenden Sie häufig Sätze von mehr als fünfzig Wörtern Länge? All diese Faktoren fließen in die eigene Stimme ein.

Denken Sie auch an den Rhythmus Ihres Textes. Um noch einmal auf zwei soeben erwähnte Schriftsteller zu sprechen zu kommen: Hemingways Stimme zeichnet sich durch einen kargen, spröden Stil und einen abgehackten, schnellen Rhythmus aus, während Daphne du Maurier mit ihrem lyrischen Stil einen getragenen, fließenden Rhythmus erzeugt. Auch wenn sich moderne Kurzgeschichten meist durch einen einfachen, klaren und knappen Stil auszeichnen, können sie durchaus unterschiedliche Rhythmen haben.

Versuchen Sie Ihren eigenen Stil zu analysieren. Lesen Sie sich ein paar Seiten laut vor. Sie erhalten möglicherweise interessante Aufschlüsse über die Stimme, die in Ihrem Text heranreift. Aber auch eine formale Analyse ist nützlich. Vergleichen Sie die Geschichten anderer Autoren miteinander, die vom gleichen Typ sind wie Ihre eigene. Bei genauer Betrachtung werden Ihnen auch die subtilen Unterschiede in den Stimmen auffallen, die Ihnen zunächst verborgen geblieben sind.

Auch wenn Sie nun einiges über die Autorenstimme gelernt haben, versuchen Sie so zu schreiben, dass sich Ihre ganz eigene Stimme entwickeln kann. Basteln Sie nicht krampfhaft an Ihrem Stil herum. Versuchen Sie sich nicht an allen möglichen Stilrichtungen. Erzwingen Sie nichts. Wenn Sie versuchen, Ihren Stil in Einklang mit dem Inhalt Ihrer Geschichten zu bringen, und sich dabei um eine einfache, klare Sprache bemühen, wird sich Ihre Stimme – die für Sie charakteristische Weise zu schreiben – ganz von selbst entwickeln.

Ihre Stimme kann von Zeit zu Zeit, von Geschichte zu Geschichte und von Zielgruppe zu Zielgruppe wechseln. Aber unabhängig davon werden Sie eines Tages über ein stabiles Fundament verfügen, auf das Sie immer bauen können. Dies erreichen Sie nur, indem Sie jahrelang beharrlich an der Vervollkommnung Ihres Handwerks arbeiten und sich nicht durch etwas Abgehobenes oder Abstraktes wie die »Stimme« beirren lassen.

16
Die Überarbeitung – zweiter Durchgang

Zur Kontrolle:
- ✓ Haben Sie Ihren Entwurf mindestens eine Woche lang ruhen lassen?
- ✓ Haben Sie die Zeit genutzt, um sich zu entspannen und den Kopf zu »lüften«?
- ✓ Haben Sie Ihre Erkenntnisse in Ihrem Journal festgehalten?

Nachdem Sie sich eine Verschnaufpause gegönnt und ein wenig Abstand zu Ihrem Text gewonnen haben, stehen Sie nun vor der wahrscheinlich beschwerlichsten, aber lohnendsten Aufgabe: dem letzten Korrekturdurchgang. Sie haben den Punkt erreicht, an dem sich entscheidet, wer wirklich ein Profi ist und wer nicht. Es ist ein aufregender Moment, und ich gratuliere Ihnen, dass Sie es so weit geschafft haben. Legen wir los!

Sie dürfen jetzt endlich an Ihren Schreibtisch zurückkehren und Ihr Manuskript aus der Schublade holen. Aber greifen Sie nicht sofort zum Rotstift, um eifrig mit dem Korrigieren zu beginnen. Wir verfahren mit der Überarbeitung genauso wie mit allen bisherigen Aufgaben: Wir gehen Schritt für Schritt vor und halten uns dabei an eine Reihenfolge, die die höchstmögliche Effizienz verspricht.

Phase I – Die unbefangene Lektüre

Natürlich kann niemand sein Rohmanuskript wirklich unbefangen lesen. Das haben wir in Kapitel 15 bereits erörtert. Aber dennoch sollen Sie sich jetzt, nachdem Sie Ihr Manuskript eine ganze Weile »auf Eis gelegt« haben, darum bemühen, Ihre Geschichte auf sich wirken zu lassen wie auf einen unbeteiligten Leser. Das bedeutet vor allem, dass Sie ihn nicht mit den kritischen Augen eines Autors oder Lektors beurteilen dürfen.

Wie können wir also unseren Text lesen, als sei es das erste Mal? Sorgen Sie möglichst dafür, dass Sie allein sind. Falls nötig, sagen Sie Ihrer Familie, dass Sie ein oder zwei Stunden lang nicht gestört werden möchten. Wenn Sie einen Anrufbeantworter haben, stellen Sie ihn an, und nehmen Sie sich fest vor, nicht ans Telefon zu gehen.

Gehen Sie mit Ihrem Manuskript in das Zimmer, in dem Sie sich normalerweise entspannen oder ein unterhaltsames Buch lesen. Wenn Sie möchten, stellen Sie leise Musik an, aber nur, wenn Sie das nicht ablenkt. Sorgen Sie für ausreichendes Licht. Wenn Sie bei einer entspannenden Lektüre gewöhnlich Tee oder Kaffee trinken, kochen Sie sich welchen.

Wie Sie sehen, geht es darum, eine Atmosphäre zu schaffen, die sich von Ihrer normalen Arbeitssituation so weit wie möglich unterscheidet. Setzen Sie sich, schließen Sie die Augen und entspannen Sie sich. Atmen Sie tief ein und aus. Vielleicht nehmen Sie Ihren Herzschlag oder auch Straßengeräusche wahr. Wenn Ihnen Gedanken durch den Kopf gehen, wehren Sie sich nicht dagegen. Lockern Sie Hände und Arme, Füße und Beine, den Rücken, die Schultermuskulatur. Lassen Sie etwas Zeit vergehen ... vielleicht fünf Minuten, vielleicht ein wenig mehr.

Wenn Sie bereit sind, wieder in das Hier und Jetzt zurückzukehren, öffnen Sie langsam die Augen. Gähnen Sie, wenn Ihnen danach ist. Rekeln Sie sich.

Erst jetzt sollten Sie anfangen zu lesen. Lesen Sie in normalem Tempo, ohne Ihr Augenmerk auf etwas Spezielles zu richten. Versuchen Sie, den Text auf sich wirken zu lassen, ohne ihn kritisch zu beurteilen.

Wenn Ihnen Fehler, Schwachstellen oder Ungereimtheiten auffallen, lesen Sie weiter, ohne sich Gedanken darüber zu machen.

Sobald Sie mit der Lektüre fertig sind, legen Sie das Manuskript beiseite, lehnen Sie sich zurück und lassen Sie die Geschichte auf sich wirken. Gab es Teile, die Ihnen besonders gefallen haben? Las sich der Text flüssig? Konnten Sie den roten Faden der Geschichte deutlich erkennen? Dann können Sie stolz auf sich sein.

Nachdem Sie sich noch einige Minuten entspannt haben, ist Phase I abgeschlossen: Sie haben Ihren gesamten Text mit einem gewissen Abstand auf sich wirken lassen. Jetzt können Sie die nächsten Arbeitsschritte in Angriff nehmen.

Phase II – Die Planung des Überarbeitungsdurchgangs

Nun setzen Sie sich mit Ihrem Manuskript wieder an den Schreibtisch. In Phase II werden Sie Ihre Erstfassung noch einmal durchsehen und sich alle Ihnen notwendig erscheinenden Änderungen notieren.

Möglicherweise haben Sie sich schon beim Schreiben der Rohfassung oder unmittelbar danach Notizen für die Überarbeitung gemacht, beispielsweise im Hinblick auf eine erforderliche Namensänderung. Nach der erneuten Lektüre haben Sie vielleicht weitere Schwachstellen entdeckt, etwa einen logischen Widerspruch, einen Fehler im Handlungsablauf oder eine blasse Passage, die Sie farbiger gestalten müssen. Sie können die erforderlichen Änderungen folgendermaßen vornehmen:

1. Sie schreiben sie an den Rand bzw. zwischen die Zeilen Ihres Manuskripts oder Sie öffnen Ihre Computerdatei und arbeiten die Korrekturen direkt in den Text ein.
2. Oder Sie notieren sich Ihre Verbesserungen auf Karteikarten, die Sie mit den entsprechenden Seitenzahlen Ihres Manuskripts

versehen, und legen Sie auf einen Stapel. Sie können sie aber auch direkt an die jeweiligen Manuskriptseiten heften.

Ganz gleich, wie Sie vorgehen, denken Sie bitte daran, dass Sie noch keine einwandfreie Endfassung erstellen müssen. Entscheiden Sie sich für die Arbeitsweise, die Ihnen am meisten liegt, ohne auf Sauberkeit oder Übersichtlichkeit zu achten.

Dieser Arbeitsgang ist manchmal schwieriger, als es den Anschein hat. Wenn Sie an irgendeiner Stelle eine Änderung vornehmen, kann sich das in einer Art Dominoeffekt auf den gesamten restlichen Text auswirken. Als ich beispielsweise einmal bei der Überarbeitung eines Entwurfs einen gravierenden Planungsfehler entdeckte, musste ich aus meiner Heldin einen Helden machen. Das Anliegen der Hauptfigur blieb zwar dasselbe, aber ich musste natürlich Kleidung, Gewohnheiten, Freunde und sogar die charakteristischen Verhaltensweisen in der gesamten Geschichte ändern, obwohl die Korrektur auf den ersten Blick eher geringfügig erschien.

Nehmen Sie nun Ihre Änderungen vor. Lassen Sie sich so viel Zeit, wie Sie benötigen, auch wenn es noch so lange dauert. Lesen Sie erst dann weiter.

Phase III – Analyse der Syntax

In dieser Phase geht es darum, Ihren Schreibstil Zeile für Zeile und Wort für Wort zu überprüfen.

Vielleicht erscheint Ihnen dieser Arbeitsgang auf den ersten Blick überflüssig zu sein. Es gibt AutorInnen, die ein paar falsch geschriebene Wörter oder Grammatikfehler für unerheblich halten. Einer meiner ehemaligen Lehrer für kreatives Schreiben riet uns immer: »Machen Sie sich deswegen keine Gedanken. Dafür gibt es schließlich Lektoren. Hauptsache, Sie erzählen eine gute Geschichte!«

16. Die Überarbeitung – zweiter Durchgang

Das mag früher einmal richtig gewesen sein, aber heute kann man niemandem mehr diesen Rat geben. Heutzutage arbeiten Lektoren bzw. Redakteure unter ungeheurem Zeitdruck. Sie können es sich einfach nicht mehr leisten, ein Manuskript anzunehmen, das stundenlanges Ausbessern von Flüchtigkeitsfehlern erfordert und das ein Profi erst gar nicht einreichen würde.

Nun geht es also daran, Ihren Text in Sachen Orthographie, Grammatik und Syntax »auf Vordermann zu bringen«.

Die meisten Textverarbeitungsprogramme enthalten Rechtschreib- und Grammatikprüfungen, Wörterbücher und Thesauren, die Sie zu Hilfe nehmen können. Bedenken Sie allerdings, dass keines dieser Programme alle Fehler erkennen kann.

Vielleicht haben Sie getippt: »Er ist ein Brötchen«, obwohl Sie augenscheinlich »Er isst ein Brötchen« schreiben wollten. Keine Rechtschreibprüfung wird sich daran stören, eine Grammatikkontrolle ebenso wenig. Oder Sie haben »Ein totes Auto raste mit 100 Stundenkilometern die Straße entlang« geschrieben, obwohl Sie natürlich ein »rotes Auto« meinten. Das Programm, das den Satz ja nicht »versteht«, kann daran keinen Fehler entdecken, da das Wort »totes« ja korrekt geschrieben ist.

Die Grammatikprüfung ist nach meiner begrenzten Erfahrung noch problematischer. Die meisten Programme beanstanden Satzfragmente, überlange Sätze, durch Kommata verbundene Hauptsätze und Ähnliches. Aber vielleicht geht es Ihnen ja ausgerechnet darum, eine dramatische, schnelle Szene durch ein paar aggressive Satzfetzen zu unterstreichen. Oder Sie möchten einen engen Zusammenhang zwischen zwei Aussagen herstellen, indem Sie zwei Hauptsätze durch ein Komma statt durch eine Konjunktion oder ein Semikolon verbinden.

Von solchen Programmen kann nur profitieren, wer noch unerfahren im Schreiben ist und einen klaren, unprätentiösen Stil entwickeln will. Dagegen gibt es nichts einzuwenden. Aber Ihr Stil und Ihre Handlung erfordern möglicherweise so viele Abweichungen von der Norm, dass eine Grammatikprüfung Sie nur aus dem Konzept bringt.

Das heißt natürlich nicht, dass Sie es mit der Grammatik und Rechtschreibung nicht so genau zu nehmen brauchen oder sich auf den Standpunkt zurückziehen sollten: »So ist eben mein Stil.« Wer die Regeln brechen will, muss sie beherrschen. Und weil Sie das natürlich tun, greifen Sie jetzt zu einem Rotstift und nehmen Sie sich Ihr Manuskript vor. Lesen Sie es gründlich. Fahnden Sie nach Tipp-, Grammatik- und Rechtschreibfehlern. Auch wenn Ihr Manuskript bereits ziemlich unübersichtlich aussieht, sollten Sie Ihre Korrekturen sofort machen, damit Sie auch nichts vergessen.

Überprüfen Sie auch, ob Ihre Wörter und Sätze wirklich das ausdrücken, was Sie meinen. Vielleicht haben Sie geschrieben: »Es war ein niedergedrückter Tag«, obwohl Sie eigentlich sagen wollten, dass es ein trüber, düsterer oder trister Tag war. Nur Menschen können »niedergedrückt« sein. Oder Sie entdecken unklare oder falsche grammatische Bezüge:

> »Mit hochrotem Gesicht sah sie ihn über die Ziellinie laufen.« (Der Autor meinte natürlich, dass der Läufer ein hochrotes Gesicht hat, aber das hat er nicht deutlich gemacht.)
> »Dumpfig und düster ging er im trüben Schein seiner Taschenlampe die Stufen hinab.« (Hier erübrigt sich wohl jeder Kommentar.)

Halten Sie auch nach umgangssprachlichen Ausdrücken oder Modewörtern Ausschau. Solche Begriffe wirken nicht nur unbeholfen und unprofessionell, sondern sie veralten auch schnell. Vor einigen Jahren war es beispielsweise »in«, ständig von »alternativ« statt von »neu«, »neuartig« oder »anders« zu sprechen. Dann begann die Ära des »schlussendlich«, die leider immer noch hartnäckig anhält. Heute gilt auch alles für »nachhaltig«, was eigentlich nur »dauerhaft« ist. Immer muss gleich »die Chemie stimmen«, wenn zwei Leute sich halbwegs sympathisch finden. Oder denken Sie an die Präposition »unbeschadet«, die in den letzten Jahren als falsches Adjektiv anstelle von »unbeschädigt« Karriere gemacht hat.

Vermeiden Sie jeden Jargon. Bedenken Sie, dass ein klarer, unprätentiöser Stil nicht veraltet. Außerdem werden es Ihnen die Redakteure danken, die sich aus Verzweiflung über solche Stilsünden schon manches Haar ausgerissen haben.

Achten Sie auf aufgeblähte Sätze. Manches lässt sich statt mit zehn auch mit zwei oder drei Wörtern sagen.

Wählen Sie mindestens drei beliebige Seiten aus Ihrem Text aus, sagen wir Seite 3, 5 und 8. Wichtig dabei ist, dass sie nicht direkt aufeinander folgen und dass sie nicht dieselbe Erzählstruktur aufweisen (z. B. nur Dialoge oder nur Beschreibungen). Zählen Sie die Wörter aller Sätze. Im Idealfall haben Ihre Sätze ganz unterschiedliche Längen; es werden wahrscheinlich einige sehr kurze (drei bis sechs Wörter) und auch einige sehr lange (25 bis 50 Wörter) darunter sein.

Wenn Sie entdecken, dass Ihre Sätze insgesamt sehr kurz sind, ist Ihr Stil vermutlich eher abgehackt und kurzatmig. In einer hochdramatischen Geschichte ist das durchaus angemessen, in einer tiefgründigen Charakterstudie hingegen kann das verheerend sein. Wenn Sie sich umgekehrt für eine dramatische Handlung entschieden haben und feststellen, dass Ihre Sätze durchschnittlich 30 Wörter umfassen, haben Sie ein Problem. Solche langen Sätze verlangsamen automatisch das Tempo einer Geschichte.

Bessern Sie alle Stellen, die Ihnen auffallen, mit einem Rotstift aus. Beginnen Sie erst dann mit der nächsten Phase der Überarbeitung.

Phase IV – Die letzte Überprüfung

Nun sind wir beim anstrengendsten Durchgang, bei dem wir unsere Geschichte unter den verschiedensten Gesichtspunkten überprüfen wollen. Möglicherweise müssen wir viele Male durch den Text gehen, damit wir auch nichts übersehen.

Wenn Ihr Manuskript zu unübersichtlich geworden ist, können Sie zunächst einmal alle vorgesehenen Korrekturen in Ihre Textdatei eingeben und den Entwurf erneut ausdrucken.

Manche Autoren ziehen es vor, sämtliche Korrekturdurchgänge am Bildschirm vorzunehmen. Wie Sie wahrscheinlich gemerkt haben, bin ich von dieser Methode nicht überzeugt. Ich habe immer wieder die Erfahrung gemacht, dass ich am Bildschirm nicht alle Fehler und Probleme erkenne. Ich muss die Seiten deshalb in Papierform vor mir haben.

Es gibt Autoren, die ihren Text ausdrucken und sorgfältig überprüfen, aber ihre Änderungen sofort in die Datei eingeben. Andere wiederum machen sich Notizen, zum Teil auf Karteikarten, und arbeiten ihre Korrekturen erst später ein. Ich persönlich mache mir Randnotizen ins Manuskript, arbeite aber auch mit eingeklebten Zetteln und Karteikarten. Wählen Sie die Methode, die Ihnen am praktikabelsten erscheint, aber gehen Sie auf jeden Fall systematisch vor.

Ich biete Ihnen hier eine persönliche Checkliste an, die aber bloß als eine Art Starthilfe dienen kann. Sie können sie beliebig erweitern, wenn Ihnen bei der Überarbeitung zusätzliche Aspekte einfallen.

Überprüfen Sie nun anhand der folgenden Fragen Ihren Entwurf.

Hintergrund und Schauplätze

Gibt es Schauplätze, die gründlicher recherchiert oder stärker ausgearbeitet werden müssten? Sind die von Ihnen vermittelten Informationen an bestimmten Stellen zu dürftig oder zu vage? Gibt es Figuren, deren Hintergrund zu wenig beleuchtet wird? Tauchen irgendwelche Personen scheinbar aus dem Nichts auf? Gibt es Figuren, die keinerlei Vorgeschichte haben?

Überprüfen Sie die Motive Ihrer zentralen Figuren. Haben Sie genügend Informationen über die Vergangenheit, die Träume und Wünsche der Hauptpersonen geliefert, um ihre Ziele und Handlungen plausibel zu machen? Haben Sie sichergestellt, dass Ihre Figuren über genügend Wissen und Erfahrung verfügen, um bestimmte Situationen zu meistern? (Wenn Ihr Protagonist sich beispielsweise in der Wildnis durchschlagen muss, sollten Sie irgendwann erwähnt haben, dass er einmal an einem Überlebenstraining teilgenommen hat.)

Haben die Figuren ihre Absichten und Probleme deutlich genug kundgetan? Vermitteln sie den Lesern, wer und was sie sind, so dass sich ihre Vorgeschichte erschließt? Lassen Sie die Leser am Innenleben der Hauptpersonen teilhaben, indem Sie ihre Gedanken und Gefühle schildern? Stehen diese im Einklang mit ihrer Vorgeschichte?

Die Figuren

Wie steht es mit den Namen Ihrer Figuren? Ihnen ist doch bewusst, dass ein Name auch ein Erkennungsmerkmal sein kann? Passen die Namen zu den Personen?

Sind die Namen unterschiedlich genug? Haben Sie versehentlich Nachnamen mit der gleichen Endung gewählt, wie »Blumenbach«, »Moosbach« oder »Hambach«? Oder klingen die Vornamen zu ähnlich, wie Hanna und Anna oder Bert und Gert? Unser Unterbewusstsein spielt uns manchmal seltsame Streiche. Solche Missgriffe bei der Namensgebung sind häufig. Sie sollten unbedingt behoben werden, um die Leser nicht zu verwirren.

Sind Ihre Hauptfiguren überzeichnet? Suchen Sie nach Textstellen, in denen Sie die Figuren besonders lebendig und eindrücklich beschreiben. Reichen diese Passagen aus? Sind Sie sicher, dass Sie nicht versehentlich ganz gewöhnliche Menschen in ganz alltäglichen Situationen beschrieben haben? Das kann todlangweilig sein.

Welches Selbstbild hat jeder Ihrer Hauptfiguren? Haben Sie es nicht nur auf Ihren Karteikarten, sondern auch in Ihrer Geschichte klar definiert? Gibt es Passagen, in denen Ihre Figuren ihr Selbstbild durch Aussagen deutlich machen wie: »Ich bin jemand, der...«? Steht das Selbstbild der Figuren mit ihrem Verhalten in Einklang? Ist beispielsweise eine Frau, die sich für schüchtern hält, auch wirklich durchgängig schüchtern? Ist sie vielleicht auch unglücklich darüber? Passen Berufstätigkeit, Hobbys und Umfeld einer Person zu ihrem Selbstbild? Stehen ihre Ziele in irgendeinem Zusammenhang mit ihrem Selbstbild?

Was ist der herausragende Charakterzug jeder Figur? Mit welchen Erkennungsmerkmalen veranschaulichen Sie diese Eigenschaft? Haben Sie diese Merkmale wiederholt eingesetzt, damit den Lesern auch nichts entgeht?

Führen die Figuren interessante, wirklichkeitsnahe Gespräche? Ähneln die Dialoge den realen Gesprächen, die Sie auf Ihren Beobachtungskarten festgehalten haben? Unterbrechen sich die Figuren, reden sie aneinander vorbei, wiederholen sie bestimmte Redewendungen oder steigern sie sich in hitzige Diskussionen hinein?

Haben Sie das äußere Erscheinungsbild jeder Figur anschaulich beschrieben, so dass die Leser sie deutlich vor sich sehen?

Unterscheiden sich die Hauptpersonen genügend voneinander? Beispielsweise könnte eine Figur hoch gewachsen, die andere klein sein; oder eine Hauptperson könnte geizig, die andere großzügig sein.

Sind Sie sich sicher, dass Sie selbst, Ihre Figuren und die Leser genau wissen, was die Hauptpersonen quält, was sie antreibt?

Die Erzählperspektive

Achten Sie bei der sorgsamen Lektüre Ihres Entwurfs darauf, aus wessen Sicht die Geschichte erzählt wird. Wird die Erzählperspektive konsequent beibehalten oder entgleitet sie Ihnen hin und wieder? Sind Sie sicher, dass die erzählende Hauptfigur die beschriebenen Ereignisse selbst erlebt haben kann? Haben Sie aus Versehen den Lesern verraten, welchen Gesichtsausdruck Ihre erzählende Hauptfigur hat, obwohl sie sich selbst gar nicht sehen kann? Sind Sie sicher, dass Sie nicht in die Gedankenwelt einer anderen Figur hineingerutscht sind? Weiß Ihre erzählende Hauptfigur etwas, das sie nicht wissen kann?

Falls Sie innerhalb der Geschichte die Erzählperspektive gewechselt haben, war dies unumgänglich? Oder war es nur ein Notbehelf, um ein erzähltechnisches Problem zu lösen? Bedenken Sie, dass Sie bei jedem Perspektivwechsel Gefahr laufen, den Leser zu verwirren und die Spannung zu vermindern.

Haben Sie hin und wieder klare Aussagen darüber gemacht, was Ihre erzählende Hauptfigur wahrnimmt, denkt und fühlt? Haben Sie beachtet, dass Sie die Innenwelt keiner anderen Figur beleuchten dürfen?

Ist die erzählende Hauptfigur die interessanteste Person der Geschichte? Ist es ihr Problem oder Ziel, um das sich die zentrale Frage dreht?

Ist die Hauptperson aktiv? Nimmt sie ihr Schicksal in die Hand? Ist sie in Bewegung? Verändert sie sich?

Würden Sie die erzählende Hauptfigur im wirklichen Leben sympathisch finden? Würden Sie sie überhaupt verstehen?

Haben Sie es vermieden, aus Ihrer Hauptperson einen passiven Beobachter zu machen?

Müssen Sie die erzählende Hauptfigur noch sorgfältiger ausarbeiten, etwa, indem Sie bestimmte Probleme oder Gefühle stärker herausstellen?

Der Handlungsaufbau

Wie lautet Ihre zentrale Frage?

Wird die zentrale Frage möglichst früh in Ihrer Geschichte eingeführt?

16. Die Überarbeitung – zweiter Durchgang

Ist die gesamte Handlung auf diese Frage ausgerichtet?

Wird die zentrale Frage am Schluss der Geschichte beantwortet?

Wie viele Szenen hat Ihre Geschichte?

Wie viele Sequenzen?

Gibt es Szenen oder Sequenzen, die Sie streichen können, ohne dass es der Geschichte schadet?

Führen die Szenen folgerichtig auf die Sequenzen hin, und leiten die Sequenzen logisch auf die nachfolgenden Szenen über?

Gibt es zu Beginn jeder Szene ein kurzfristiges Ziel, das als Zwischenetappe auf dem Weg zum Hauptziel oder zur Lösung des zentralen Problems dient?

Kommt es in jeder Szene zu einem Konflikt oder zumindest zu einem schweren Rückschlag?

Ergeben sich die Niederlagen oder Rückschläge am Ende einer Szene aus der vorangegangenen Handlung?

Ist die Situation des Helden am Szenenende noch vertrackter oder trostloser als zuvor? Werfen ihn seine Anstrengungen nur noch weiter hinter sein Hauptziel zurück?

Beleuchten Sie in Ihren Sequenzen sowohl die Gedanken als auch die Gefühle der Figur? Haben Sie dies vor allem in Sequenzen berücksichtigt, in denen Sie die Gefühle der Leser ansprechen wollen?

Wenn Sie Ihre Geschichte mit Ihrem Kartenschema vergleichen, stoßen Sie dann auf gravierende Abweichungen von Ihrer ursprünglichen Planung? Wenn ja, warum sind Sie von Ihrem Konzept abgegangen? Haben Sie diesen Schritt wirklich gut durchdacht oder ist er lediglich das Ergebnis einer plötzlichen Eingebung?

Haben Sie irgendwelche Probleme oder Figuren eingebaut, die von den zentralen Aspekten der Geschichte ablenken? Gibt es Dialoge, Konflikte oder Introspektionen, die für die Handlung völlig irrelevant sind?

Passiert am Ende Ihrer Geschichte etwas? Haben Sie es vermieden, Ihren Lesern abschließend Ihre Geschichte zu erklären oder ihnen eine bestimmte Botschaft aufzudrängen?

Verschiedenes

Könnte irgendein Leser eine Figur aus Ihrer Geschichte wieder erkennen? Haben Sie unabsichtlich eine Figur geschaffen, die einer lebenden Person so ähnlich ist, dass diese sich bloßgestellt fühlt und Sie möglicherweise sogar verklagt? Bedenken Sie, dass literarische Figuren keine realen Personen sind, auch wenn diese als Vorbild gedient haben mögen. Ihre Figuren müssen überzeichnet sein.

Falls Ihre Geschichte auf einer wahren Begebenheit beruht: Haben Sie den realen Hintergrund Ihrer Handlung ausreichend verändert, um nicht die Gefühle einer lebenden Person zu verletzen oder gar einen Prozess zu riskieren?

Fahnden Sie nach Anzeichen eines schwülstigen Stils, nach lyrischen Ergüssen oder ausufernden Beschreibungen von Situationen oder Schauplätzen. Solche Passagen verzögern die Handlung oder würgen sie sogar ganz ab. Sie sollten sie deshalb rigoros streichen.

Der letzte Computerausdruck

Nachdem Sie Ihren Entwurf anhand der obigen Fragen überprüft haben, sollten Sie jetzt vielleicht noch einmal einen Blick in Ihr Journal werfen. Lesen Sie nach, was Sie zu Anfang Ihrer Arbeit über Ihre schriftstellerischen Stärken und Schwächen notiert haben. Überlegen Sie, ob in der vorliegenden Geschichte Ihre Stärken zum Tragen kommen. Gehen Sie dann noch einmal Ihr Manuskript durch und überprüfen Sie, ob Sie die größten Schwächen, die Sie sich ursprünglich ankreideten, inzwischen überwunden haben.

Nach diesem Arbeitsschritt empfiehlt es sich, das Manuskript abermals ein paar Tage ruhen zu lassen. Danach sollten Sie alle noch ausstehenden Korrekturen vornehmen, die Datei abspeichern und die Endfassung ausdrucken.

Sehen Sie sich diesen Ausdruck Seite für Seite durch. Vergewissern Sie sich unter anderem, dass keine unschönen »Hurenkinder« entstanden sind, also eine einzelne Zeile am Anfang einer neuen Seite, die noch zum vorherigen Absatz gehört. Gibt es andere typographische Mängel? Beispielsweise fällt Ihnen jetzt erst auf, dass Sie an einer bestimmten Stelle versehentlich zu viele Wörter unterstrichen haben. Oder Sie entdecken, dass mehrere aufeinander folgende Absätze mit demselben Wort oder derselben Redewendung beginnen. Ändern Sie alles, was Ihnen auffällt.

* * *

Nun ist Ihre Geschichte fertig. Wissen Sie bereits, an wen Sie sie einschicken möchten? Dann schleunigst in den Briefkasten damit!

Sollten Sie sich allerdings nicht sicher sein, welche Verlage Sie auswählen oder wie Sie Ihr Anschreiben gestalten sollen, lesen Sie weiter. Im nächsten Kapitel gehe ich auf diese Fragen näher ein.

Noch eine letzte Anmerkung: Eine junge Autorin wurde einmal gefragt, woran sie erkenne, dass sie mit der Überarbeitung ihres Textes fertig sei. Sie antwortete: »Wenn ich es so leid bin, dass mir plötzlich jedes Wort unsinnig erscheint, wenn mir mein ganzes Urteilsvermögen abhanden gekommen ist und wenn ich den Text einfach nicht mehr sehen kann.«

Eine kluge Antwort. Man überarbeitet seinen Text so lange, bis man einfach genug davon hat oder bis es außer lähmenden Selbstzweifeln keinen Grund mehr gibt, sich noch länger damit abzuquälen. Ich glaube, jeder Schreibende erreicht bei der Überarbeitung einen Punkt, an dem er seinen Text verflucht. Wenn es

Ihnen genauso geht, lassen Sie sich nicht entmutigen. Das bedeutet wahrscheinlich nur, dass Sie Ihre Geschichte lange und gründlich genug bearbeitet haben.

Zusammenfassung

Die Überarbeitung eines Manuskripts besteht aus mehreren Arbeitsgängen, bei denen der Text nach und nach unter verschiedenen Gesichtspunkten überprüft wird. Da es unmöglich ist, den eigenen Entwurf unvoreingenommen auf sich wirken zu lassen, ist es hilfreich, das Manuskript eine Weile »auf Eis zu legen«, um die Überarbeitung mit einem gewissen Abstand durchführen zu können.

Während der entspannten Lektüre, bei der wir auf Stift und Notizblock verzichten, können wir Stil, Rhythmus und Färbung unserer Geschichte weit besser erkennen als während der Arbeit am Text.

Größere Mängel, die sofort ins Auge springen, sollten in chronologischer Reihenfolge behoben werden. Ein erneutes Ausdrucken des Manuskripts ist jedoch nicht erforderlich. Stilistische Schwächen und Rechtschreibfehler werden in einem gesonderten Durchgang bearbeitet.

Für den letzten Korrekturdurchgang empfiehlt sich die in diesem Kapitel enthaltene Checkliste, die nach Bedarf beliebig ergänzt werden kann.

Beachten Sie bitte auch die ausführliche Checkliste im Anhang, in der sämtliche in diesem Buch erläuterten Arbeitsschritte berücksichtigt sind.

17
Nützliche Tipps für die Zukunft

Zur Kontrolle:
- ✓ Haben Sie Ihre Geschichte abgeschickt?
- ✓ Sind Sie bereit, mit der nächsten zu beginnen?
- ✓ Sind Sie fest entschlossen, sich nicht entmutigen zu lassen und es weiter zu versuchen, selbst wenn Ihr Manuskript abgelehnt werden sollte?
- ✓ Erweitern Sie kontinuierlich Ihren Kartenbestand durch Beobachtungs- und Recherchekarten?

Vor langer Zeit, als ich noch ganz am Anfang meiner schriftstellerischen Laufbahn stand, lernte ich zentrale Aspekte des Schreibens kennen wie Arbeitsdisziplin, Szenenanordnung, Figurencharakterisierung und Dialogtechniken. Aber trotz all dieser neuen Erkenntnisse hatte ich das Gefühl, immer noch nicht hinter das eigentliche Geheimnis des Schreibens gekommen zu sein. Ich wusste viel, aber mir schien, als würde ich nichts begreifen.

Ich wandte mich mit meinem Problem an meinen mittlerweile verstorbenen Mentor Dwight V. Swain.

»Arbeiten Sie einfach weiter«, riet er mir. »Irgendwann wird sich alles ganz von selbst zusammenfügen. Eines Tages werden Sie von Ihrem Manuskript aufsehen und wissen, wie alles zusammenhängt. Dann werden Sie sagen: ›Verdammt, jetzt blicke ich durch!‹«

»Aber was mache ich bis dahin?«, beharrte ich, »wenn mir doch alles so kompliziert erscheint und ich den großen Zusammenhang nicht sehe?«

17. Nützliche Tipps für die Zukunft

Swain lehnte sich auf seinem Stuhl zurück und lächelte. »Vertrauen Sie auf das System«, antwortete er.

Das war einer der besten Ratschläge, die ich je bekommen habe, und es ist genau dieser Ratschlag, den ich mit diesem Buch ich an Sie weitergeben möchte.

Vielleicht habe ich Sie mit dem einen oder anderen Kapitel gequält, weil Ihnen bestimmte Arbeitsschritte Schwierigkeiten bereiteten oder weil Ihnen manche Aufgaben nicht recht einleuchteten oder gar überflüssig erschienen.

Trotzdem hoffe ich, dass Sie auch in Zukunft mit dieser Methode arbeiten und Swains Rat befolgen: Vertrauen Sie auf das System.

Es funktioniert.

Ich habe in den »Auszeiten« mit ihren eher theoretischen Erörterungen versucht, zu einem tieferen Verständnis der Materie beizutragen. Aber es mag jetzt angezeigt sein, durch eine abschließende Darstellung des Systems die verbliebenen Geheimnisse des Schreibens vollends zu lüften. Bei all dem, was ich Ihnen in diesem Buch vorgeschlagen habe, geht es im Wesentlichen um die folgenden Kardinalpunkte:

1. Eine systematische Arbeitsweise zahlt sich aus. Deshalb ist es sinnvoll, ein Karteikartensystem anzulegen, das uns zwingt, unsere Analysen, Recherchen und die Arbeit am Text zu strukturieren.
2. Fiktion ist keine Realität. Aber wenn Sie reale Personen und alltägliche Situationen aufmerksam beobachten, finden Sie Anregungen in Hülle und Fülle für interessante Geschichten und für lebendige Figuren. Alle Beobachtungen sollten möglichst schnell auf Karten festgehalten und systematisiert werden.
3. Das Journal eines Autors erfüllt zahlreiche Funktionen: Sie können darin Ihre täglichen Beobachtungen festhalten, Ihre

17. Nützliche Tipps für die Zukunft

Erfahrungen beim Schreiben, Ihr allgemeines seelisches Befinden, Ihre Wünsche, Träume und Ziele; Sie können sich darin aber auch Ideen für neue Geschichten oder Ihre persönlichen Ausgaben notieren und was Ihnen in Zukunft sonst noch von Nutzen sein kann.

4. Man kann die Fantasie in bestimmte Bahnen lenken. Ihr Arbeitsplan bietet Ihnen den Rahmen für ein diszipliniertes, schöpferisches Arbeiten.
5. Es gibt drei Grundtypen von Geschichten: Die Konflikt-, die Entscheidungs- und die Erkenntnisgeschichte.
6. Sie müssen sich selbst erforschen, um herauszufinden, welche Art von Geschichte Ihnen am meisten liegt. Dann können Sie Ihr weiteres Vorgehen entsprechend planen.
7. Figuren orientieren sich an ihrem Selbstbild. Sie haben Eigenschaften, die man anhand von Erkennungsmerkmalen verdeutlichen kann.
8. Die Grundstruktur einer Geschichte besteht aus einer Szene und einer Sequenz.
9. Jede Geschichte beginnt mit einer Veränderung.
10. Aus der Veränderung ergibt sich das Ziel oder Anliegen der Hauptfigur, aus dem sich wiederum die zentrale Frage der Geschichte ableitet.
11. Der Schluss einer Geschichte muss diese Frage beantworten.
12. In sich stimmige Schauplätze gehören zu den Grundvoraussetzungen einer guten Geschichte. Dazu sind Recherchen nötig. Die gesammelten Fakten können auf Karten festgehalten werden.
13. Eine eiserne Arbeitsdisziplin ist für professionelle AutorInnen unerlässlich.
14. Der Handlungsablauf sollte auf Szenen- und Sequenzkarten skizziert werden, selbst wenn Sie später beschließen, sie nicht alle zu verwenden.

15. Die Szenen- und Sequenzkarten lassen sich leicht zu einem übersichtlichen Handlungsschema zusammenstellen.
16. Sobald die Planungs- und die Recherchephase abgeschlossen sind, sollten Sie mit dem ersten Entwurf beginnen, auch wenn Sie sich davor fürchten.
17. Die erste Fassung sollte man in einem Zug durchschreiben, ohne sich um holprige Passagen, Unstimmigkeiten im Handlungsablauf oder Schwächen in der Figurencharakterisierung zu kümmern.
18. Bevor man mit der Überarbeitung beginnt, sollte man das Manuskript eine Weile ruhen lassen.
19. Die Überarbeitung sollte in mehreren Schritten erfolgen – angefangen bei der entspannten Lektüre bis hin zum letzten Korrekturdurchgang.

Erweitern Sie Ihren Horizont

Man könnte diese Liste natürlich seitenlang fortsetzen. Im Anhang finden Sie eine weit ausführlichere, nach Kapiteln sortierte Checkliste mit allen wichtigen Grundregeln und Arbeitsschritten. Da wir mit unserer Arbeit so gut wie am Ende sind, möchte ich noch ein paar abschließende Bemerkungen anfügen.

Sie sollten kontinuierlich Ihren schriftstellerischen Horizont erweitern. Fragen Sie Ihre Freunde nach deren Lieblingsbüchern oder -autoren, notieren Sie sich die Titel auf Karteikarten und lesen Sie hin und wieder eines der empfohlenen Bücher, auch wenn es Sie aus freien Stücken nie interessiert hätte. Gehen Sie in eine Bibliothek oder eine Buchhandlung und besorgen Sie sich einige neuere Anthologien mit Kurzgeschichten. Vertiefen Sie sich vor allem in die Texte, die vom Umfang, vom Thema, vom Tempo her oder aus sonst einem Grund ganz anders ausfallen als die Geschichten, die Sie gewöhnlich schreiben.

Machen Sie es sich außerdem zur Gewohnheit, populäre Unterhaltungsromane zu lesen. Finden Sie Techniken und Grundregeln wieder, die Sie hier kennen gelernt haben? Markieren Sie die entsprechenden Stellen. Vielleicht stellen Sie erstaunt fest, dass in einem Roman dieselben Techniken zur Anwendung kommen wie in einer Kurzgeschichte. Möglicherweise können Sie daraus wertvolle Schlüsse für Ihre eigene Arbeit ziehen.

Entwerfen Sie probeweise ein paar Handlungs- und Figurenkarten für eine Novelle oder sogar einen Roman. Skizzieren Sie in groben Zügen den möglichen Ablauf einer »großen« Geschichte. Beißen Sie sich dabei nicht an Details fest. Legen Sie die Karten unter einer eigenen Kategorie ab, falls Sie eines Tages beschließen sollten, sie für ein Buch zu verwenden.

Festigen Sie Ihre positive Grundeinstellung, indem Sie sich immer wieder den schriftstellerischen Erfolg ausmalen, den Sie sich erhoffen. Schreiben Sie mindestens einmal pro Woche etwas Optimistisches in Ihr Journal.

Halten Sie an dem erlernten System fest, auch wenn es Ihnen nicht gelingt, auf Anhieb Ihre erste Geschichte zu veröffentlichen. Schicken Sie so lange Ihre Manuskripte ein, bis Sie es bei allen in Frage kommenden Verlagen versucht haben. Entwickeln Sie Ihre schriftstellerischen Fähigkeiten kontinuierlich und methodisch weiter, planen und arbeiten Sie neue Geschichten aus, solange Sie selber in dieser Tätigkeit eine Quelle der Befriedigung oder gar des Glücks finden.

Und zu guter Letzt: Halten Sie an Ihrem Traum fest. Dann werden auch Sie eines Tages als AutorIn öffentlich in Erscheinung treten – wenn nicht mit Ihren Kurzgeschichten, so doch vielleicht mit einem Roman, den zu schreiben Ihnen jetzt viel leichter gefallen ist, als wenn Sie sich sofort und ohne Übung auf dieses große Werk gestürzt hätten. Oder dann werden auch Sie bei einem Autorenseminar selbstbewusst am Rednerpult stehen und Ihre Erfahrungen an jene weitergeben, die – wie einst Sie selbst – bei einem Profi Rat und Hilfe suchen.

ANHANG

Checkliste aller wichtigen Regeln und Vorgehensweisen

Auf den folgenden Seiten finden Sie – als Überblick über die Methode dieses Buches – eine Zusammenfassung der Ideen und Vorgehensweisen, mit denen ich Sie vertraut gemacht habe. So können Sie fast auf einen Blick überprüfen, was in Ihrem Gedächtnis haften geblieben ist.

Die folgenden Fragen sind chronologisch geordnet, also gemäß der Reihenfolge der Kapitel dieses Buchs. Wenn Sie das eine oder andere Thema noch einmal vertiefen wollen, brauchen Sie nur die entsprechende Stelle im Buch nachzulesen.

Kapitel 1

- ❏ Ist es Ihnen jetzt Ernst damit, sich beim Schreiben nicht mehr nur auf Ihre Intuition verlassen zu wollen? Wenn Sie Ihre Kurzgeschichten rein »aus dem Bauch heraus« in Angriff nehmen, verheddern Sie sich in allen möglichen Fallstricken.
- ❏ Leuchten Ihnen die Vorteile eines logischen Systems für Ihre Arbeit ein? Es gibt kein Problem, das Sie mit Hilfe eines solchen Ansatzes nicht bewältigen könnten.
- ❏ Als angehende AutorIn sollten Sie die gestellten Aufgaben ernst nehmen und bei ihrer Bearbeitung ihre chronologische Reihenfolge einhalten. Beherzigen Sie diesen Rat? Wenn Sie einmal nicht weiterwissen, gehen Sie zu der Stelle zurück, an der Sie den Faden verloren haben.
- ❏ Üben Sie sich in Geduld und gehen Sie Schritt für Schritt vor? Das Sprichwort »gut Ding will Weile haben« trifft hier zu; lassen Sie sich also Zeit.

Kapitel 2

- ❏ Haben Sie sich mit ausreichend Karteikarten eingedeckt?
- ❏ Haben Sie immer ein paar Karten zur Hand, um Beobachtungen oder Ideen sofort notieren zu können?
- ❏ Haben Sie sich Buntstifte und zwei Hefte besorgt?
- ❏ Haben Sie einen Arbeitsplan aufgestellt?
- ❏ Haben Sie sich einen Arbeitsplatz eingerichtet – ein Arbeitszimmer oder auch nur eine Ecke Ihres Schlafzimmers?

Kapitel 3

- ❏ Ihre Kartei sollte mindestens zehn Karten umfassen, auf denen Sie Dinge, Ideen, Orte oder Menschen notiert haben, die Ihnen am Herzen liegen. Das ist ein wichtiger Baustein Ihrer Selbsterforschung.
- ❏ Haben Sie auf fünf Karten ein Ereignis notiert, das Sie emotional stark beschäftigt hat?
- ❏ Auf weiteren fünf einen Gedanken oder ein Konzept, hinter dem Sie stehen?
- ❏ Haben Sie fünf Karten mit einer Aktivität versehen, die Ihnen Spaß macht?
- ❏ Fünf mit einer Aktivität, die Sie verabscheuen?
- ❏ Haben Sie zumindest auf einer Karte kurz, aber in ganzen Sätzen ein Ereignis oder eine Aktivität beschrieben, die Ihnen Freude bereitet hat?
- ❏ Und auf einer anderen ein Ereignis, das Sie verärgert hat?
- ❏ Auf einer dritten ein Ereignis, das Ihnen Angst gemacht hat?
- ❏ Haben Sie alle diese Karten in einem Karteikasten oder Karton unter der Kategorie »Selbsterforschung« und Unterkategorien wie »ärgerliches Ereignis« abgelegt?
- ❏ Haben Sie diese Karten noch einmal durchgelesen und überlegt, was für ein Mensch sich dahinter verbergen könnte, wenn Sie nicht wüssten, dass es Ihre eigenen sind?

Wichtige Regeln und Vorgehensweisen

❏ Haben Sie Ihre bisherigen Fingerübungen oder Schreibversuche daraufhin überprüft, um herauszufinden, ob Sie darin Material verarbeitet haben, das Ihnen besonders am Herzen liegt?
❏ Haben Sie mit verschiedenfarbigen Stiften Textstellen auf Gefühle hin untersucht und markiert? Haben Sie diese Stellen genau studiert? Konnten Sie ein bestimmtes Muster erkennen?
❏ Haben Sie Beobachtungen hinsichtlich Ihrer eigenen Vorlieben in Ihrem Journal notiert?

Kapitel 4

❏ Verfügen Sie inzwischen über einen Stapel Figurenkarten mit Persönlichkeitsmerkmalen, die Sie besonders schätzen?
❏ Haben Sie auf diesen Karten verdeutlicht, was genau Sie beispielsweise unter »Freundlichkeit« verstehen?
❏ Verfügen Sie über mindestens zwanzig Figurenkarten mit spezifischen Charaktereigenschaften, die Sie positiv finden?
❏ Da Charakterzüge immer eher abstrakte Zuschreibungen sind, sollten Sie sich auch jeweils anschauliche Erkennungsmerkmale überlegt haben, damit die Leser bestimmte Figuren wieder erkennen. Haben Sie das getan? An Charakterzügen und Erkennungsmerkmalen sollten Sie kontinuierlich, über Monate oder sogar Jahre hinweg, arbeiten.
❏ Figuren leben von Übertreibungen. Spiegeln die von Ihnen notierten Charaktereigenschaften und Erkennungsmerkmale das wider?

Kapitel 5

❏ Sie sollten die drei Grundtypen der Kurzgeschichte kennen. Welche sind das?
❏ Verstehen Sie den Unterschied zwischen einem Konflikt und einem Unglück? Warum ist dieses Verständnis so wichtig?

- ❏ Haben Sie auf mindestens drei Karteikarten je Typ die Idee zu einer Geschichte skizziert?
- ❏ Haben Sie Ihre eigenen Geschichten untersucht, um herauszufinden, zu welcher Art von Geschichte Sie neigen? Haben Sie Ihre Beobachtungen notiert?
- ❏ Welche besonderen Eigenschaften sollte die Hauptfigur in einer Konfliktgeschichte aufweisen?
- ❏ Wie verhält es sich in einer Entscheidungsgeschichte?
- ❏ Und in einer Erkenntnisgeschichte?
- ❏ Haben Sie – über die zehn hier angegebenen hinaus – einen Vorrat an Zielkarten angelegt?
- ❏ Wissen Sie, warum es für das Glück einer Figur wichtig ist, Ziele zu haben?
- ❏ Sind Sie mit den beiden anderen Kurzgeschichtentypen ebenso verfahren?
- ❏ Haben Sie sich während der Arbeit an Ihren Figuren selbst beobachtet? Haben Sie Ihre Erkenntnisse über sich selbst in Ihrem Journal festgehalten?

Kapitel 6

- ❏ Wächst Ihre Sammlung an Beobachtungskarten – Beschreibungen von realen Menschen – stetig an?
- ❏ Haben Sie auf diesen Karten den Eindruck, den eine bestimmte Person bei Ihnen hinterließ, festgehalten?
- ❏ Tragen Sie immer Beobachtungskarten bei sich?
- ❏ Studieren Sie reale Menschen bei ihren Gesprächen? Notieren Sie, wie und was sie reden?
- ❏ Verstehen Sie, wie man einen realen Dialog für eine Geschichte strafft und beschleunigt, damit er lesbar wird? Warum ist das wichtig? Haben Sie dazu praktische Übungen gemacht?
- ❏ Wodurch kann ein Dialog in einer Geschichte »zu realistisch« werden?
- ❏ Haben Sie Ihre eigenen Geschichten überprüft, um heraus-

zufinden, ob Sie Dialoge nicht aus reiner Bequemlichkeit eingesetzt haben?
- ❏ Haben Sie Ihre eigenen Geschichten mit dem Rotstift bearbeitet und langatmige Monologe gestrichen?

Kapitel 7

- ❏ Wo spielt die Geschichte, an der Sie zur Zeit arbeiten? Wissen Sie alles Wichtige über den Schauplatz?
- ❏ Wenn Sie noch zusätzliche Informationen brauchen, wie gehen Sie vor?
- ❏ Passen Ihre Figuren zum Schauplatz und umgekehrt?
- ❏ Passt Ihre Handlung sowohl zum Schauplatz als auch zu den Figuren?
- ❏ Haben Sie Karten mit Informationen zu möglichen Schauplätzen für zukünftige Geschichten angelegt? Solche Arbeiten können Sie zwischen zwei Geschichten erledigen, beispielsweise während Ihre Erstfassung etwas ruht, bevor Sie sie überarbeiten.
- ❏ Wohin wenden Sie sich vor Ort, wenn Sie etwas recherchieren wollen?
- ❏ Haben Sie sich mit den drei Möglichkeiten einer Beschreibung – direkte Beschreibung, Vergleich und Metapher – beschäftigt? Haben Sie Übungen dazu gemacht?
- ❏ Haben Sie Schauplatzbeschreibungskarten angelegt und einer separaten Kategorie zugeordnet?
- ❏ Haben Sie Ihre eigenen Arbeiten auf den Schauplatz hin untersucht? Wie legen Sie ihn an? Was könnten Sie tun, um Ihre Beschreibung eventuell noch zu verbessern?

Kapitel 8

- ❏ Arbeiten Sie systematisch an Ihrer Geschichte? Gehen Sie chronologisch vor und nehmen Sie dabei alle von mir gestellten Aufgaben in Angriff?

❏ Haben Sie mit Hilfe der kurzen Checkliste in diesem Kapitel alle wichtigen Fragen zu Ihrer Geschichte beantworten können?
❏ Welche Art von Geschichte wollen Sie schreiben?
❏ Wissen Sie schon, wie sie beginnt?
❏ Und wie soll sie enden?
❏ Wer ist die erzählende Hauptfigur? Warum?

Kapitel 9
❏ Vergewissern Sie sich, dass sämtliche Entscheidungen, die Sie bisher getroffen haben, so spezifisch und konkret wie möglich ausgefallen sind. Überlegen Sie sich die Art der Geschichte sowie das Motiv der Hauptfiguren. Präzisieren Sie bitte beides.
❏ Ist das Motiv des Protagonisten überzeugend?
❏ Und wie steht es mit dem des Antagonisten?
❏ Nach dem Abschluss ihrer Planung sortieren die meisten AutorInnen ihre Szenen- und Übergangskarten chronologisch, auch wenn die eine oder andere Karte später keine Verwendung findet. Leuchtet Ihnen dieses Verfahren ein? Haben Sie Ihre Karten bereits entsprechend arrangiert?

Kapitel 10
❏ Der erste Eindruck, den eine Figur hinterlässt, ist so wichtig, dass Sie sich die Zeit nehmen sollten, ihn genau auszuarbeiten.
❏ Haben Sie Ihre Eigenschafts- und Merkmalkarten überprüft und einige Merkmale zu Merkmalgruppen zusammengefasst?
❏ Figuren in ein und derselben Geschichte müssen sich äußerlich und charakterlich deutlich voneinander unterscheiden. Haben Sie Ihre Figuren noch einmal überprüft und gegebenenfalls stärker voneinander abgegrenzt?
❏ Haben Sie auf Ihren Karten die wichtigsten Eigenschaften und Merkmale Ihrer Figuren farbig markiert? Haben Sie eine

fremde Kurzgeschichte auf die Figurengestaltung hin untersucht und entsprechende Stellen ebenfalls farbig markiert?
- ❏ Haben Sie Ihre Figuren nach ihrer Bedeutung für die Geschichte eingeordnet?
- ❏ Haben Sie eine klare Vorstellung von der Funktion, die jeder Figur in Ihrer Geschichte zukommt?
- ❏ Warum ist das Selbstbild für eine überzeugende Charakterisierung so entscheidend?
- ❏ Haben Sie auf Ihren Karten das Selbstbild aller wichtigen Personen in Ihrer Geschichte klar definiert?
- ❏ Ergeben sich die Motive der Figuren aus ihrem Selbstbild?

Kapitel 11
- ❏ Wie lautet die zentrale Frage der Geschichte, die Sie gerade planen?
- ❏ Steht die Frage in direktem Zusammenhang mit dem Selbstbild der Hauptfigur und ihrer Suche nach Glück?
- ❏ Gibt es für die zentrale Frage Ihrer Geschichte eine eindeutige Antwort?
- ❏ Wird der Leser zu Beginn Ihrer Geschichte auf die zentrale Frage hingeführt?
- ❏ Liefert der Schluss eine eindeutige Antwort auf die Frage?
- ❏ Wissen Sie, wie eine Szene aufgebaut ist? Eine Sequenz? Wie werden Szenen und Sequenzen miteinander verknüpft?
- ❏ Haben Sie für jede Szene und Sequenz eine Karte ausgefüllt? Haben Sie sich noch einmal die bereits entworfenen Szenen- und Übergangskarten vorgenommen und diese abgewandelt oder ergänzt?
- ❏ Haben Ihre Szenen und Sequenzen für die Art von Geschichte, die Sie erzählen möchten, die richtige Länge?
- ❏ Haben Sie für jede Szene ein kurzfristiges Ziel, einen Konflikt und eine Niederlage geplant?

- ❏ Haben Sie jede Sequenz sorgfältig entworfen, auch wenn Sie vielleicht nicht alle verwenden werden?
- ❏ Enden Ihre Szenen für die Hauptfigur mit einem Rückschlag oder einer Niederlage, so dass die Handlung vorangetrieben wird?
- ❏ Schildern Ihre Sequenzen die Reaktion der Hauptfigur auf das Geschehen in der vorherigen Szene? Leiten sie zur nächsten Szene über?
- ❏ Haben Sie überprüft, ob Ihre Szenen- und Sequenzabfolge dem gewünschten Umfang und Tempo Ihrer Geschichte entspricht?

Kapitel 12
- ❏ Haben Sie Ihr Kartenschema anhand Ihrer Selbsterforschungskarten überprüft? Sind Sie sicher, dass Sie die richtige Art von Geschichte schreiben? Entspricht sie Ihren Neigungen und Prioritäten?
- ❏ Legen Sie nun die Eigenschafts- und Merkmalkarten unter die Szenen- oder Sequenzkarten, in denen die entsprechenden Figuren zum ersten Mal auftreten.
- ❏ Haben Sie Ihren Figuren deutliche Konturen verliehen?
- ❏ Haben Sie die Schauplatzkarten den Szenen zugeordnet, in denen Sie Ihre entsprechenden Notizen verwenden möchten?
- ❏ Haben Sie eine ausführliche »Höhepunkt/Schluss«-Karte entworfen und ans Ende der Kartenreihe gelegt?
- ❏ Ist der Schluss so dramatisch wie möglich?
- ❏ Beantwortet er die zentrale Frage eindeutig?
- ❏ Haben Sie eine klarere Vorstellung von Ihrem Handlungsschema gewonnen? Haben Sie überprüft, welche Szenen Sie ausführlicher schildern, welche Sie straffen und welche Sie vielleicht ganz streichen können? Wie wirken sich diese Entscheidungen auf die Länge Ihrer Geschichte aus? Wie auf die potenziellen Leser?

Kapitel 13

- ❏ Haben Sie Ihre Ängste überwunden? Sind Sie fest entschlossen, Ihren ersten Entwurf in einem Zug zu schreiben, ohne längere Zeit zu unterbrechen?
- ❏ Findet am Anfang Ihrer Geschichte eine wichtige Veränderung statt? Falls nicht, können Sie ein solches Ereignis erfinden, um sich den Einstieg in die Geschichte zu erleichtern?
- ❏ Ist die Situation am Anfang Ihrer Geschichte in irgendeiner Form für die Hauptperson bedrohlich?
- ❏ Nimmt die Handlung einen unausweichlichen Verlauf?
- ❏ Halten Sie Ihr tägliches Arbeitspensum ein?
- ❏ Tanken Sie neue Energien auf, indem Sie sich sportlich betätigen oder entspannen?
- ❏ Achten Sie darauf, dass Sie für Ihre Hauptfigur keine unüberwindbaren Hürden aufbauen?

Kapitel 14

- ❏ Solange Sie an Ihrem ersten Entwurf schreiben, sollten Sie möglichst wenig über Ihr Projekt sprechen. Verschwenden Sie nicht Ihre kreative Energie.
- ❏ Holen Sie sich in dieser Phase keinen Rat. Das könnte Sie nur verwirren oder gar demoralisieren.
- ❏ Stellen Sie Ihren Entwurf in keiner Schreibwerkstatt vor.
- ❏ Grübeln Sie nicht darüber nach, ob Ihr Manuskript von einem Verlag angenommen wird. Alles zu seiner Zeit.
- ❏ Haben Sie beim Schreiben neue Ideen? Notieren Sie Ihre Einfälle auf Karteikarten, aber verwenden Sie sie nicht in Ihrer aktuellen Geschichte.
- ❏ Haben Sie sich auf mindestens drei Karten positive Gedanken notiert, die Ihnen in Phasen der Unsicherheit und Selbstzweifel Mut machen?

Kapitel 15

- Haben Sie Ihren Rohentwurf abgeschlossen, ohne sich jetzt schon Gedanken über die Überarbeitung zu machen? Erst wenn Sie den fertigen Entwurf vor sich liegen haben, sollten Sie die Korrekturen in Angriff nehmen.
- Denken Sie daran, dass die Überarbeitung in mehreren Durchgängen erfolgt. Es ist unmöglich, alle Mängel gleichzeitig zu erkennen.
- Der erste Schritt besteht darin, alle Stellen auszubessern oder zu ändern, die Ihnen bereits beim Schreiben des Rohentwurfs aufgefallen sind. Haben Sie sich auf Zetteln, Karteikarten oder im Manuskript selbst Notizen gemacht, die Sie jetzt einarbeiten können?
- Sind Ihnen bei Ihrem Korrekturdurchgang weitere Mängel aufgefallen? Haben Sie alle Schwachstellen markiert oder handschriftliche Änderungen eingefügt?
- Haben Sie Ihr Manuskript »auf Eis gelegt«, damit Sie ein wenig Abstand gewinnen? Schreiben Sie sich auf, was Sie in Ihrer Verschnaufpause alles unternehmen wollen.
- Haben Sie einige Seiten einer fremden Kurzgeschichte abgetippt und diese mit Ihrer verglichen?
- Haben Sie vor allem auf die Länge der Wörter, Sätze und Absätze geachtet?
- Haben Sie Aufschlüsse über Ihren Schreibstil erhalten? Haben Sie diese in Ihrem Journal festgehalten?

Kapitel 16

- Ist mindestens eine Woche vergangen, seitdem Sie Ihr Manuskript das letzte Mal in der Hand hatten?
- Haben Sie Ihren Text bei einer entspannten Lektüre möglichst unvoreingenommen auf sich wirken lassen?
- Haben Sie sich gewissenhaft alle inhaltlichen Korrekturen notiert, die Ihnen bei der Lektüre aufgefallen sind?

- ❑ Haben Sie Ihre Verbesserungen auf Karteikarten, Haftzetteln oder im Manuskript selbst festgehalten, um sie später einarbeiten zu können?
- ❑ Überprüfen Sie noch einmal gründlich Grammatik und Rechtschreibung. Auch wenn Ihnen dieser Arbeitsschritt lästig ist, sollten Sie äußerst gewissenhaft vorgehen.
- ❑ Haben Sie schwülstige Passagen rigoros gestrichen? Haben Sie sich um einen möglichst präzisen, klaren Stil bemüht?
- ❑ Wenn Sie alle Änderungen in Ihre Datei eingearbeitet haben, können Sie Ihren zweiten Entwurf ausdrucken.
- ❑ Gehen Sie nun Ihr Manuskript mit Hilfe der Checkliste in Kapitel 16 erneut durch und achten Sie besonders auf folgende Aspekte: Hintergrund, Eigennamen, Charakterisierung, Selbstbild, Erscheinungsbild der Figuren, ferner Schauplätze, Szenenziele, Einhaltung der Erzählperspektive, zentrale Frage sowie alle Aspekte, die Sie möglicherweise noch selbst ergänzt haben.
- ❑ Gibt es noch irgendetwas, das Sie vergessen oder übersehen haben?
- ❑ Nun können Sie Ihren überarbeiteten Entwurf zum letzten Mal ausdrucken.
- ❑ Lassen Sie das Manuskript mindestens zwei oder drei Tage liegen.
- ❑ Haben Sie beim letzten, gründlichen Durchgang noch etwas entdeckt, das Sie ändern möchten? Lassen Sie sich nicht in letzter Minute durch Selbstzweifel beirren. Es ist völlig normal, wenn sich nach der intensiven Arbeit ein gewisser Überdruss einstellt.

Kapitel 17

- ❑ Haben Sie genügend Vertrauen in das von mir vorgeschlagene System entwickelt, um auch in Zukunft damit zu arbeiten?

Wichtige Regeln und Vorgehensweisen

- ❏ Beobachten Sie weiterhin Menschen in Alltagssituationen und halten Ihre Eindrücke auf Karten fest?
- ❏ Notieren Sie Ihre Ideen, Pläne und Beobachtungen in Ihr Journal?
- ❏ Versuchen Sie Ihren Horizont zu erweitern, indem Sie neue Menschen und Orte kennen lernen? Lesen Sie Kurzgeschichten und Romane?
- ❏ Sind Sie fest entschlossen, nicht den Mut zu verlieren? Sind Sie überzeugt davon, dass Sie nicht scheitern werden, solange Sie nicht aufgeben?

Dank

Mein ganz besonderer Dank gilt den vielen Autoren und Autorinnen, die auf meine frühere Artikelfolge über Fragen der Kurzgeschichte in der Zeitschrift *Writer's Digest* eingegangen sind. Ohne ihr Feed-back wäre diese überarbeitete und erweiterte Ausgabe nie zu Stande gekommen. Wie immer geht mein Dank auch an meinen Lektor Jack Heffron, der mit sicherem Blick Fehler entdeckte und zahllose Verbesserungsvorschläge machte.

Bücher über das Schreiben von Büchern.
Nur bei Zweitausendeins.

SOL STEIN
Über das Schreiben
Sol Stein kennt die geschriebenen und ungeschriebenen Regeln, Tipps und Techniken des Schreibens, und er weiß, wie man einen Text auch kommerziell erfolgreich macht. Vor allem lehrt Stein, wie man Vorgänge zeigt, statt von ihnen zu erzählen. Sol Steins »wunderbares ›Über das Schreiben‹ gehört auf jedes Autorenregal« (Die Welt).
   Deutsche Erstausgabe. Deutsch von Waltraud Götting.
Bereits in der 7. Auflage! 443 Seiten. Fadenheftung. Fester Einband. 16,85 €. Nummer 18207.

SOL STEIN
Aufzucht und Pflege eines Romans
Stein beweist: Dass eine Geschichte ihre Leser fesselt, beruht nicht allein auf Genie und Intuition, sondern vor allem auf Fertig- und Fähigkeiten, die sich erlernen lassen. »Dieses Buch ist ein Augenöffner« (Autorenmagazin Federwelt).
   Deutsche Erstausgabe. Deutsch von Sebastian Gavajda und Waltraud Götting. 270 Seiten. Fadenheftung. Fester Einband. 16,85 €. Nummer 18360.

OTTO KRUSE
Die Kunst und Technik des Erzählens
Otto Kruses will das Erzählen als Möglichkeit, über das Leben nachzudenken, und als Weg, das Leben zur Sprache zu bringen, wieder zugänglich machen. Er zeigt, wie man Aufmerksamkeit gewinnt, Spannung erzeugt, wie man Helden aufbaut, den Leser mit dem Helden identifiziert, wie man die tieferen Gefühle der Lesenden anspricht und die eigene Erzählkreativität entwickelt.
   Originalausgabe. 250 Seiten. Fadenheftung. Fester Einband. 18 €. Nummer 18362.

www.Zweitausendeins.de

ROBERTA ALLEN
Literatur in 5 Minuten

Mit Roberta Allens neuer Methode lernen Sie Schritt für Schritt, die einzelnen Bauelemente großer Romane und Erzählungen sicher zu beherrschen. In Einheiten von genau fünf Minuten trainieren Sie Ihre Fähigkeit, einzelne Ereignisse und Szenen treffend in Worte zu fassen. Die zeitliche Begrenzung macht Ihren Kopf frei, bündelt Ihre Energie und zwingt Sie, konzentriert und gleichzeitig spontan zu schreiben und ungewöhnliche Bilder und Assoziationen zuzulassen. »Eines der besten Bücher über das Schreiben fiktionaler Texte« (Robert Shapard).
   Deutsche Erstausgabe. Deutsch von Xenia Osthelder. 269 Seiten. Fadenheftung. Fester Einband. 15 €. Nummer 18429.

REBECCA McCLANAHAN
Schreiben wie gemalt

In ihrem außergewöhnlichen Handbuch erklärt Rebecca McClanahan, wie sich die eigenen Sinne nutzen, die Beobachtungsgabe schärfen und jene sinnlich ansprechenden Worte finden lassen, die die Bilder des inneren Auges treffend nachzeichnen.
   Deutsche Erstausgabe. Deutsch von Ulrike Bischoff. 247 Seiten. Fadenheftung. Fester Einband. 17,80 €. Nummer 18408.

DAVID MICHAEL KAPLAN
Die Überarbeitung

David Michael Kaplan, preisgekrönter Autor und Professor für Creative Writing, ist überzeugt, dass die meisten Schriftsteller erst in der Phase der Überarbeitung den wahren Kern ihrer Geschichte erkennen. Prof. Otto Kruse, Leiter der Schreibschule Erfurt, empfiehlt sein Werk als »eines der nützlichsten Bücher zum Thema Schreiben«.
   Deutsche Erstausgabe. Deutsch von Andreas Simon. 312 Seiten. Fadenheftung. Fester Einband. 15 €. Nummer 18424.

ROBERT J. RANDISI
Krimis schreiben

Krimis und Thriller gehören zu dem mit Abstand meist gelesenen und auch kommerziell erfolgreichsten Genre der Literatur. Verbrechen lohnt sich eben doch! Zumindest theoretisch. Alles über die unverzichtbaren Basics für einen soliden literarischen Mordplan. »Die hilf-

reichen Hinweise des Buches darf kein Krimi-Schreiber missachten«
(Rheinische Post).
Deutsche Erstausgabe. 353 Seiten. Fadenheftung. Fester Einband.
12,75 €. Nummer 18290.

ROBERT BAHR
Spannender schreiben. Dramentechnik für Prosatexte

Robert Bahr zeigt, wie wir alle gut und noch besser schreiben können.
»Interessant wie eine Erzählung, lehrreich wie eine Vorlesung und
praktisch wie eine Werkstatt« (Jahrbuch für Autoren).
Deutsche Erstausgabe. Deutsch von Hans J. Becker. 196 Seiten.
Fadenheftung. Fester Einband. 12,75 €. Nummer 18273.

ROGER A. HALL
Mein erstes Stück

Hier erfahren Sie, wie Sie zu einer guten Idee oder einem spannenden
Stoff kommen. Wie Sie eine Handlung effektvoll einsetzen lassen und
dann überzeugend entwickeln. Wie Sie Dialoge schreiben, die lebendig und glaubwürdig sind. Wie Sie durch Konflikte die Handlung vorantreiben und den handelnden Personen einen Charakter geben können. »Der praktische Starter, um Schreiben fürs Theater zu lernen,
ein echtes Lehrbuch mit Übungsaufgaben« (Lehrbuch für Autoren).
Deutsche Erstausgabe. Deutsch von Andreas Betten. 283 Seiten.
Fadenheftung. Fester Einband. 12,75 €. Nummer 18317.

JOHN VORHAUS
Handwerk Humor

John Vorhaus ist Comedy-Altmeister mit jahrelanger Hollywood-Erfahrung. Er weiß, worauf es auf der Bühne und vor der Kamera
ankommt und hat die Grundbausteine und kleinen Geheimnisse der
hohen Kunst des abgrundtiefen Unsinns zusammengestellt. Bei ihm
lernt man, dass die augenscheinlich chaotische Welt des Witzes voller
kleiner praktischer Regeln steckt. »Genau das, was jeder braucht, der
Comedys schreibt« (Peter Bergman).
Deutsche Erstausgabe. Deutsch von Peter Robert. 302 Seiten.
Fadenheftung. Fester Einband. 12,75 €. Nummer 18371.

Preise können sich ändern und einzelne Titel auch ausverkauft sein.